广西艺术学院 2017 年高层次人才科研项

文化产业与文化软实力研究

唐文艳　著

北京工业大学出版社

图书在版编目（CIP）数据

文化产业与文化软实力研究 / 唐文艳著． — 北京：
北京工业大学出版社，2021.5（2022.10 重印）
ISBN 978-7-5639-8000-0

Ⅰ．①文… Ⅱ．①唐… Ⅲ．①文化产业－研究－中国
Ⅳ．① G124

中国版本图书馆 CIP 数据核字（2021）第 111784 号

文化产业与文化软实力研究
WENHUA CHANYE YU WENHUA RUANSHILI YANJIU

著　　者：唐文艳

责任编辑：任军锋

封面设计：知更壹点

出版发行：北京工业大学出版社

　　　　　　（北京市朝阳区平乐园 100 号　邮编：100124）

　　　　　　010-67391722（传真）　bgdcbs@sina.com

经销单位：全国各地新华书店

承印单位：三河市元兴印务有限公司

开　　本：710 毫米 ×1000 毫米　1/16

印　　张：11

字　　数：220 千字

版　　次：2021 年 5 月第 1 版

印　　次：2022 年 10 月第 2 次印刷

标准书号：ISBN 978-7-5639-8000-0

定　　价：58.00 元

版权所有　翻印必究

（如发现印装质量问题，请寄本社发行部调换 010-67391106）

作者简介

　　唐文艳，1981年生，女，汉族，广西壮族自治区桂林市人，博士，副研究员。2004年毕业于广西大学外国语学院，获外国语言学及应用语言学学士学位；2016年毕业于湖南大学马克思主义学院，获法学博士学位；现为广西艺术学院马克思主义学院专任教师。研究方向为文化产业与文化软实力、高校思想政治教育等。在各类学术刊物上发表学术论文10余篇，其中CSSCI转载3篇；出版专著1部；主持、参与各级各类课题9项。

前　言

　　文化产业作为一种低碳经济被誉为"朝阳产业"，引领经济的增长，成为各国产业结构升级的风向标。因兼具"商品经济"和"意识形态"的双重属性，文化产业是国家软实力提升的重要支撑，同时，文化软实力的提升有利于传播核心价值观、构建大国形象和营造良好的舆论环境。文化产业与文化软实力两者紧密相连，不仅有利于国家经济的发展，而且有利于民族文化品牌的塑造。所以，加快文化产业的发展和提升文化软实力必然要以战略眼光扎实布局、推进。

　　全书共六章。第一章为绪论，主要阐述了文化与文化软实力、文化产业的内涵与外延、文化产业的发展定位、文化软实力提升的意义等内容；第二章为文化产业的发展历程，主要阐述了世界文化产业的发展之路、国外文化产业的发展经验、中国文化产业的前世今生等内容；第三章为文化产业的核心要素与发展模式，主要阐述了文化产业的核心要素、文化产业的发展模式、文化产业的主要商业模式、中国文化产业发展的特殊性等内容；第四章为文化创意产业，主要阐述了文化创意产业产生的时代背景、文化创意产业的发展动向、文化创意产业的培育与管理等内容；第五章为文化产业发展与文化软实力提升的关系，主要阐述了文化产业发展与文化软实力提升的内在关系、文化产业发展对文化软实力提升的现实意义等内容；第六章为文化软实力视野下文化产业的发展路径，主要阐述了新兴文化产业的发展现状和基于文化软实力作用的文化产业发展途径等内容。

　　为了确保研究内容的丰富性和多样性，作者在写作过程中参考了大量理论与研究文献，在此向涉及的专家学者表示衷心的感谢。

　　最后，限于作者水平，加之时间仓促，本书难免存在一些不足，在此，恳请同行专家和读者朋友批评指正！

目　录

第一章　绪　论

当今社会，文化软实力的作用举足轻重。尤其是对于一个国家而言，拥有强大的文化软实力无疑具有十分重要的意义，不仅可以为本国社会成员的全面发展提供保障，而且可以进一步增强国家的国际影响力。近年来，随着社会生产力的迅速发展以及人民生活水平的提高，文化产业获得了越来越广泛的关注。本章分为文化与文化软实力、文化产业的内涵与外延、文化产业的发展定位、文化软实力提升的意义四部分，主要内容包括文化软实力的相关概念和主要特点、文化产业的内涵和范围等方面。

第一节　文化与文化软实力

一、文化软实力的相关概念

文化软实力的概念是在文化力和软实力的概念基础上发展而来的，因而要了解文化软实力的概念必须首先明确什么是文化力及什么是软实力。同时，由于文化软实力属于文化的范畴，对文化本身的理解会直接影响对文化软实力的理解，因此在明确文化软实力的基本概念之前，对文化和软实力进行必要的阐述是必不可少的。

（一）文化

"文化"对我们来讲并不陌生，其在我们的日常生活中无处不在。一国独具特色的民族语言、民族服饰、建筑风格、饮食习惯等无不显示着该国文化的特点，可见文化是我们日常生活中不可或缺的因素。德国著名的哲学人类学家兰德曼就讲道："文化创造比我们迄今为止所相信的有更加广阔和更加深刻的内涵。人类生活的基础不是自然的安排，而是文化形成的形式和习惯。正如我们历史所探究的，没有自然的人，甚至最早的人也是生活在文化之中。"虽然文化对于我们的生活具有如此重要的作用，但我们对文化的认识和理解并不十分明确。这导致了我们在提到"文化"一词时，经常会有不同的解释。因此，为了更好地理解"文化软实力"一词，我们首先明确"文化"一词的基本概念。

1. 马克思主义对文化的界定

由于文化在日常生活中的重要影响，世界各国的学者纷纷从其各自的学术背景出发研究文化问题，并对文化进行了不同的界定。因此，文化成了一个内涵丰富、外延宽广的多维概念。据美国人类学家克鲁伯和克拉克洪在1952年合著的《文化：关于概念和定义的检讨》一书所述，在1871年至1951年之间，共出现了164种有关文化的定义。众多文化定义的出现一方面说明了文化所拥有的丰富内涵，另一方面也说明了不同领域的人对于文化还未形成统一、明确、清晰的认识。

马克思在《1844年经济学哲学手稿》中明确指出，实践活动是人与动物相区分的重要标志。正是通过实践活动，人们实现了自然的人化，从而形成了人类社会。人们的实践活动在实现人化自然的同时，也不断地改造着人类自身，从而不断地扬弃自身的生物性，形成文化性。因此，文化从本质上讲是人的本质力量的对象化。

在马克思的很多著作中，文化概念从广义到狭义都有一定的涉及。在马克思的理解中，广义的文化即人的对象化，凡是经过人的实践活动改造过的所有东西都属于文化的范畴，即凡是被打上人类烙印的一切东西都是属于文化的范畴。这包括人们在实践活动中所创造的物质财富和精神财富的总和。而对于狭义的文化概念，马克思认为，文化是指人们通过实践活动所创造的精神领域的一切东西，如思想、意识、感情、意志、知识、信仰等。在马克思关于文化的相关论述中，其对广义文化概念的运用要比狭义文化概念的运用更为广泛。

事实上，无论是从广义上还是从狭义上理解文化都具有一定的合理性。广义的文化概念是从人与动物的二分角度理解的，这里的文化是指人们在实践活动中所实现的人的本质力量的对象化，这种对象化既包括人化也包括物化，即其既包括人们在实践活动中所创造的物质财富也包括精神财富，这是人与动物的根本区别。而狭义的文化概念是从马克思主义关于经济基础和上层建筑之间的相互关系角度进行论述的。这里的文化概念是相对于社会发展中的政治、经济而言的。作为与政治、经济相区别的社会组成部分，文化只能包括人们在精神领域的一切实践成果。因此，无论是广义的文化概念还是狭义的文化概念都有其存在的合理性。

2. 文化的含义

现代意义上的"文化"概念肇始于文艺复兴时期，但真正明确的"文化"定义则出现在英国人类学之父爱德华·泰勒的名著《原始文化》中，"文化就其广泛的民族学意义来说，是作为社会成员的人所习得的包括知识、信仰、艺术、道德、法律、习俗以及任何其他能力和习惯的复合体"。这个概念提出后，被大多数学者所认可。

美国人类学家康德拉·菲利普·科塔克在其《简明文化人类学：人类之镜》一书中对文化依次进行了界定：一个民族的生活方式的总和；个人从群体那里得到的社会遗产；一种思维、情感和信仰的方式；一种对行为的抽象；就人类学家而言，是一种关于一群人的实际行为方式的理论；一个汇集了学识的宝库；一种对反复出现的问题的标准化认知取向、习得行为；一种对行为进行规范性调控的机制；一套调整与外界环境及他人关系的技术；一种历史的积淀物。

目前，国内关于文化的概念，《辞海》从广义、狭义两个角度对其进行解释，广义的文化是指"人类在社会实践过程中所获得的物质、精神的生产能力和创造的物质、精神财富的总和"，狭义的文化是指"精神生产能力和精神产品，包括一切社会意识形式：自然科学、技术科学、社会意识形态"。

（二）实力

"实力"中的"实"是什么呢？在汉语里，实是会意字，从"宀"，从"贯"。"宀"，房屋；"贯"，货物；以货物充于屋下。《说文解字》的解释："实：富也。"《尔雅》的解释："实，满也。"可见，实的本义是指房子里财物充足、满足，与虚对应，有充实、殷实、富有的意思。随着社会发展，实又有了"实在""实际"的意思。实力的本义就是实际的力、实在的力。就是说，潜在的、马上就会具有或将来一定会具有的力都不能算是实力。同样，要借助于外力的力也不能算是实力。

"实力"中的"力"是什么呢？是力量，是能力，抑或是权力？说实力是力量，意思当然并没有错，但过于宽泛，是不妥的。力量是一个泛概念，它没有力的取向。而实力一词的形成与使用与特定的目标利益有关，与行为有关，与比较、竞争有关。没有差异，缺乏比较，丧失竞争，都不会讲实力。实力关注的是个体的内在差异。个体的内在差异是通过行为表现出来的，因此，实力中的力应是行为层面的力。行为层面的力是指主体为达到目标而对客体实施行为所具有的直接有效的心理特征，是对行为层面的力的虚拟描述和判断。

美国政治学家摩根索给"实力"下的定义是"人对他人心灵和行动控制的能力",实力包括物质性的影响力和控制心理的影响力。可见,摩根索也是从能力或者说是从影响力的角度来强调实力的。在摩根索那里,影响力就是一种威望政策:"一国的外交政策寻求的是为维护或增加权力而显示它所拥有的权力。"换句话说,国家通过显示自己的力量,做出某种姿态,对其他国家政府和民众的心理产生影响,进而维持增进一国的对外影响力。

综上所述,实力是国家能力,是与国家行为紧密联系的国家能力,是国家为实现利益目标而对对象实施行为所具有的能力。

(三) 软实力

讨论文化软实力,必然要涉及软实力。"软实力"的概念是由美国哈佛大学肯尼迪政府学院原院长、全球战略问题研究专家约瑟夫·奈于1990年著文提出来的。软实力是对国家综合国力的描述概念。在《软实力》一文中,约瑟夫·奈首次将国家的综合国力划分为两种,即硬实力和软实力,认为一个国家的实力不仅涵盖资源实力、经济实力、军事实力和科技实力等硬实力,而且还要将软实力包括在内。硬实力和软实力共同构成国家的综合国力,两者缺一不可;而且,软实力是硬实力的基础,也是硬实力的动力。

软实力是一个崭新的概念,它展示的也是一个全新的领域,因而,对它的内涵的揭示,对它的领域范围的认知与界定,现在仍处于一个不断探索、修正、发展的阶段。创始人约瑟夫·奈对软实力概念的把握与描述也处于不断完善的过程之中。

1999年,约瑟夫·奈在《软实力的挑战》一文中,对软实力做出了较为完整、系统的定义:"软实力是一个国家的文化与意识形态吸引力,它通过吸引力而非强制力获得理想的结果,它能够让其他人信服地跟随你或让他们遵循你所制定的行为标准或制度,以按照你的设想行事。软实力在很大程度上依赖信息的说服力。如果一个国家可以使它的立场在其他人眼里具有吸引力,并且鼓励其他国家依照寻求共存的方式加强界定它们利益的国际制度,那么,它无须扩展那些传统的经济和军事实力。"在这个复杂的定义中,其核心的语义是吸引力,软实力就是指国家对外的吸引力。

2004年,约瑟夫·奈在新著《软实力——世界政治中的取胜之道》中对"软实力"进行了再定义,其简略表述是:"软实力是一种能力,它能通过吸引力而非威逼或利诱达到目的。这种吸引力来自一国的文化、政治价值观和外交政策。当在别人的眼里我们的政策合法、正当时,软实力就获得了提升。"

在约瑟夫·奈的视野中，软实力由三大资源要素构成：第一，一国之文化，它作为一种国家综合国力形式，表现为对其他国家和人民具有吸引力和感召力；第二，一国之政治价值观，它作为国家综合国力的动力形式，具体落实在社会制度、法律、人权、分配等方面；第三，一国之外交政策，但是，这些外交政策应被认为合法且具有道德权威。

概括地讲，软实力就是国家影响力，这种影响力由文化、制度安排、政治价值观、外交政策等因素整合生成，它大致可以展开为四个方面，即文化影响力、意识形态影响力、制度影响力和外交影响力。但是，这些影响力最终都要通过大众传媒才能得以实现。

在这四个方面的影响力中，文化影响力是国家软实力最重要的组成部分。因为，一个国家的文化如果能够对其他国家产生吸引力，一个国家的文化所蕴含的价值观、精神指向以及情感表达方式，能够得到其他国家的普遍认同，甚至被吸纳或融合到其他国家的文化中去，那么，这个国家的意识形态影响力、制度影响力、外交影响力也就自然会得到增强，并产生良性循环和扩张的效果。

由此不难看出，文化软实力是软实力的构成要素，而且是软实力的基础构成要素。客观地看，一个国家的政治价值观、意识形态方向、制度安排、外交政策等，都是以其文化为活性土壤的，因为一个国家的文化是由这个国家的传统、习俗、核心价值观、宗教信仰、伦理理想、道德精神、哲学思想、思维方式、生存方式、民族人格心理等因素整合生成的。它体现在政体选择、制度安排、政治价值观的确立、意识形态方向的定位等方面。同时，它也渗透在国家意志、国家行为、外交政策之中，形成一个国家的整体形象，而国家整体形象对世界越有吸引力和亲和力，国家软实力就越强大。

正如约瑟夫·奈所指出的那样，软实力与硬实力最大的区别就是它具有非强制吸引性。在所有的软实力构成要素中，文化是最能体现这一特性的。因为文化在本质上不是一种强制性力量，它的力量的发挥源于文化所蕴含的内在精神、思想、情感、价值观，以及由此所呈现出来的视野、胸襟、气魄等，包括吸引力和感召力、鼓动力和影响力。所以，文化的力量展开与效用具有潜移默化、润物无声和引人入胜的特点，具有极强的渗透力和超越性。作为软实力的构成要素，文化的这种特点使它获得了基础地位和动力功能。

（四）文化力

"文化力"的概念早在民国时期就已经被我国学者使用。但是文化力理论的形成则是在软实力概念传入中国之后。在不同的历史时期，人们对于文化力概念的理解是有所不同的。因此结合不同的历史时期来理解文化力的基本内涵就显得非常重要。

1."文化力"概念的缘起

相对于"软实力"概念的西方化特点，"文化力"概念则完全是中国土生土长的。早在民国时期，梁启超先生就提出了"文化力"的概念。他在 1920 年发表的《欧游心影录》的"中国人对于世界文明之大责任"中提到，"为什么要有国家？因为有个国家，才容易把这个国家以内一群人的文化力聚拢起来，继续起来，增长起来，好加入人类全体中助他发展。所以建设国家是人类全体进化的一种手段"。文化力在这里主要是指文化是一种国力，是国家发展过程中一种重要的力量表现。由于梁启超在理解文化力时是将其与西方文化相对应的，因此这里的文化更多的是指中国的传统文明。

此外，民国时期著名军事家杨杰在《国防新论》《军事与国防》等著作中多次提到了"文化力"的概念，强调了它在近现代战争中的重要作用。他指出，"文化组织在现代战争上的新任务：战争可以用武力取胜，也可以用文化力取胜；取胜虽可以用武力，但保持永久的胜利必须用文化力。文化力既能使有形的胜利变为无形的胜利，又能使暂时的胜利变为永久的胜利"。在杨杰的理解中，文化力主要是与武力相对应的。因此，这里的文化力主要是指和平的力量。

中国的文化力研究热潮出现在约瑟夫·奈的"软实力"概念提出之后。在其软实力理论传入中国之后，王沪宁受此启发，对软实力理论进行了引申和发挥，形成了"文化力"理论。其在 1993 年所著的《作为国家实力的文化：软权力》一文中指出，文化是一种力量，是权力的一部分，也是实力或国力的一部分。之后学术界开始对文化力展开热烈的讨论与研究，产生了众多的理论成果。

2.文化力的定义

在不同的历史时期，学者对于文化力概念的界定是不同的。正如我们前面所分析的，在梁启超看来，文化是一种国力，是国家发展过程中的一种重要力量。而杨杰则把文化力与武力相对，因此在其理解中文化力就是一种和平的力量。那么，现代意义上的文化力到底是指什么呢？

美国和法国等西方发达国家的学者认为，文化力就是文化的力量，是指文化对人类社会发展所具有的一种作用力。国内学术界主要从经济和社会发展两个角度对文化力进行界定。在经济学的视野中，文化力就是各种文化因素在促进和推动生产力发展中的内在力，也可以理解为人们在改造和征服自然中的文化力量。而从社会发展角度对文化力的理解则存在着诸多不同。有观点认为，文化力就是文化生产力；也有观点认为，文化力就是文化实力。

目前大多数学者比较认同的概念是，文化力是指文化本身所包含的可用来认识和改造人类自身的力量。如高占祥在《文化力》一书中指出，文化力是指文化所蕴含的巨大力量。这种"力"并不同于物理学上的"力"，因而，人们更形象地将文化力称为"软实力"。

从本质上说，物理的"力"是人类用来"化"自然界的，而文化的"力"是人类用来"化"自身的。由于之前我们在对文化概念进行界定时，将其限定在化人的功能上，因此对于文化力的理解也就必然限定在文化力所具有的化人功能之上。由此，有学者认为，所谓文化力是指文化本身所包含的用于认识和改造人类自身的积极和消极力量。

文化力虽然不是社会发展的根本动力，但其在社会发展中发挥着重要作用。文化力、经济力与政治力之间是相互影响、相互制约的。一方面，文化力是对经济力和政治力的反映，一个社会中作为基础的经济力发展到何种程度将极大地制约该国政治力和文化力的发展，而一个社会具有何种政治力也会对以精神形态存在的文化力产生影响。另一方面，文化力又会对经济力和政治力的发展产生影响。与经济力和政治力不同，文化力是一种精神形态的作用力，其会对人们的精神生活产生全面影响。而受到文化力激励或约束的人们在社会实践中又会对社会经济和政治发展产生巨大的推动或制约作用。

（五）文化软实力

作为软实力构成要素的"文化软实力"，其被当作政治学概念而得到社会性确立，始于党的十七大报告。党的十七大报告提出"提高国家文化软实力"的战略主张后，这个概念就得到了广泛的社会传播。

"文化软实力"概念的具体内涵主要有如下几个方面的内容。

其一，文化意味着一种力量，这种力量既可以成为一种柔性力量，也可以构成一种刚性力量。比如，当文化被技术所武装时，它就演变为一种刚性力量。如语言，本来是一种柔性力量，但它一旦被政治技术所武装，它就变成一种强大的暴力，即语言暴力。

其二，文化一旦成为一种柔性力量，它就可以用来创造生存创造力，包括自我凝聚其外来文化信息、智慧与方法，也包括对外的竞争力、协调力、融合力、扩张渗透力等。

其三，文化虽然可以成为一种柔性力量，但是并不意味着所有文化都是软实力，只有那种拥有实际的生存创造力（内在凝聚力和对外竞争力、协调力、融合力、扩张力）的文化，才可以构成文化软实力。没有生存创造力的文化，很难构成文化软实力。

由此可以看出，一个时代的文化建设应该具有价值选择。文化建设并不是指建设文化，而是指建设具有柔性生存创造力的文化。

同时，一个时代的文化建设始终要涉及文化的纵向传承与横向选择和吸纳问题，即如何传承、怎样选择和吸纳。这本身涉及一个价值标准和选择尺度，这个价值标准和选择尺度就是生存创造力。只有自身蕴含了强大生存创造力的传统文化内容，才是可以传承的文化内容；也只有本身蕴含了强大生存创造力的外来文化内容，才是可以选择和吸纳的文化内容。只有以生存创造力为标准去发展文化、创造文化，文化建设才能成为社会进步、民族先进、国家强大的重要途径。

二、文化软实力的主要特点

（一）无形性

"软实力"的特点是感性同时兼有主体性、无形性。文化软实力存在的形态是精神的、观念的，并且是无法计算的，不像以物质形态存在的自然能源实力、经济实力、国防实力等硬实力那样可以计量。

文化软实力在释放能量、阐明功用时，通过理念性的无形的力量，如信仰、思想、价值理念、品德等去扭转或教化人的信仰、思想、价值理念、品德理念和行为，或者凭借人的思想行动、价值创建活动、精神活动，缔造出新的精神形态，如价值体制、文化作品、流派等，然后再凭借这些东西去感染人的理想、行动和思维。文化因素的功用及其功用的大小，不能凭借可测量的、具体化的数据获得。

文化的效果和物理的效果一样，凭借看不见的力量，将与它相同或类似的文化强化，改变着人、社会与世界。所以，虽然"软实力"没有形态，但却能给人一个国家总体的印象。比如，人们针对某个国家的民族风气、公民人文素养、文化气氛等，都会产生自己的感触。

（二）非强制性

从文化发挥作用的方法角度来看，人性化与非强制性是国家文化软实力的特点。人性化就是点化人、塑造人、刻画人的个性和行为，是它的核心功能。人不能被暴力的、强制的方法来教化与塑造，这种方法不能达到塑造人、点化人的目的，因为其常常使人口服心不服，甚至出现反对和抵抗行为。

人的心理、思维和活动被改变只能通过循循善诱的、和风细雨的、潜移默化的、人性化的方法，缓缓地、无声无息地让人们接纳某种思想体系和社会共同体的文化，这可以称为点化人、塑造人。也就是说，点化人、塑造人的目标的达成要经历文化的认同和社会化过程。

社会与政治共同体文化的信仰、思维、价值体制被社会个体渐渐地靠近、接纳与认同，通过人性化的教化与传输文化的方式使个体的思想、活动与社会价值理念大致相同。

更深层次的社会化就是内化，它是指个体通过自身的一连串的心理机制的转变和多种认识方法将社会价值理念融入自身的价值观和人格中，在社会、政治共同体文化被认同的前提下达到个性化的目标。外化和内化是相互的，什么样的价值理念、思想道德理念被内化了，实践活动就会被外化成什么样。

（三）持久性

"软实力"的成长与发挥作用具有长期性、拓展性和感染性特点。物质工具的使用时间、发挥作用的时间都是非常短暂的，即便是工艺相当精湛的工具，一般使用时间也就是几十年。

精神形态的文化是延续时间最长、生命力最强、作用最持久的。一个民族国家文化创新的基因是优秀的民族文化、民族精神、文化特质，是世代之间、不同时代保持连续性和同一性的密码。

历史上的侵略战争、暴力征服在短时间内可以灭掉一个国家，使其经济、政治模式发生改变，但其民族文化却是很难改变的，蕴藏在民族心理中的深层文化是打不烂、剪不断、烧不掉的。因为文化具有传承的特性，所以才能够持久。文化被政治组织、社会群体通过社会化的途径传送给个体，一个国家的主流文化和民族文化就是由这些不断被培育出的社会新人传承下去的。

因此，"软实力"想要发展，也应该有一个不断积累、培育的过程，和经济的"物质化"、武力的"粗暴化"以及科技的"精准化"不同，其对生产力的影响是以某种载体为基础且潜移默化地进行的。

（四）渗透性

文化软实力就像水一样具有渗透性。木头、土壤和地层都可以被水渗透，水能影响它们的结构，使其发生变化。文化力也一样，在政治、文化、经济和社会子系统中都有文化软实力的渗入，它对社会系统的发展和建设是有非常大的影响的。它既可以促进经济的发展，也可以对经济发展产生阻碍。

一个国家或者民族是发达还是落后，从他们的文化中就可以窥见所有。我国的关于真理标准问题的讨论、思想解放等价值观的变化带来了改革开放，促进了我国经济的大飞跃，这些都是文化促进经济发展的体现。改革开放之所以取得现在这样的成就，是和思想解放、真理标准问题的讨论分不开的。如今，知识经济已经是现代社会的主流，商品的知识含量越高，竞争力就越大。

一种政治文化观念的兴起是政治运行的开始，政治运行是政治文化的外在表现，其终点其实就是某种政治文化成果的产出。文化与地域结构、文化与阶级结构、文化与种族和宗教的关系都是社会和文化构成（狭义的社会）的关系。

首先，主流文化一般是占社会主要阶级地位的文化，是某个阶级的产物，不同的地域也会形成不同的地域文化。

其次，地域社会、城乡社会、阶级结构、家庭构造、民族结构、宗族社会等的稳定和发展都会受到地域文化、宗教和民族文化等主流文化的影响。

文化力对文化本身的渗透或影响主要表现在文化对精神文明的形成和建设的影响上。精神文化不同于精神文明，但两者都对社会存在有所反映，都是精神世界的产物，但文化中积极的、进步的部分才叫文明，精神文明形成的前提、存在的基础和进步的途径都是文化。

文化的介入体现在国家意志、构成国家力量、赢得国家权益、改善国家面貌、增强国家的国际竞争力的层面上，才能被称为文化软实力。

三、文化软实力的基本构成

（一）文化生产力

唯物史观认为，生产力构成人类全部历史的基础，生产力的根本要素是有创造能力的人，因此它内在地包含物质生产力和精神生产力。"物质生产力"主要是指人类在适应、改造、调控自然过程中表现出来的能动的物质力量，而"精神生产力"则是指人类创造精神产品、精神价值的实际能力。

"文化生产力"的提出是生产力在理论和实践上发展到一个新阶段的必然结果。文化生产力是文化的实体层次的含义，扬弃了把生产力仅仅局限于单纯的农业、工业、商业领域的做法，其生产的产品包括文化事业和产业、文化设施、文化网络等能产生经济价值的文化资源。

具体来讲，有信息产业，如广告业、咨询业、电脑高科技产业、广义的知识、象征符号、产权专利、信息数据通信等；文化产业，如文化娱乐业、文化旅游业、创意产业、无形价值、教育和科学研究等。产业结构从低价值型向高价值型升级，文化生产力的作用表现为物化过程，是主体意识的物化形态。

文化生产力是人的价值追求的集中体现。向"善"向"美"是人的生命追求，能提升社会的道德精神，构建人的精神支柱，引导人们克服在经济全球化、现代化过程中产生的种种精神焦虑、失落、异化，建设精神家园，推动人们全面协调地发展，是经济活动和文化活动的最高追求。

（二）文化凝聚力

文化凝聚力是文化特有的精神力量，文化的内化过程能引导、集聚、激励社会成员巩固其向上的精神吸引力，包括主流意识形态与核心价值体系。文化凝聚力作为文化的纽带，其作用的发挥首先表现为文化特有的形象标志激发社会成员的民族情绪、民族感情，使他们产生强烈的归属感和亲和力，这是社会认同、民族认同、国家认同产生的基础。其次表现为道德传统通过教育感化、沟通疏导、自我评价与社会舆论等，增进个体对社会整体的向心力和凝聚力。充分发挥道德传统的文化凝聚力功能，才能使社会生活的有序性和可控性的客观要求内化为人们的自律意识，促使社会关系和谐，维持社会秩序稳定。最后是核心价值体系形成共同目标和共同理想，以时代精神鼓舞斗志，以共同理想引领社会的思想价值取向，将人们逐步引向更高的思想道德境界和价值观念层次。

主流意识形态、核心价值体系所反映的是社会的先进阶层、知识精英的文化取向，马克思主义认为，任何一个时代的统治思想始终都不过是统治阶级的思想。增强文化凝聚力在于尊重差异，包容多样，彰显文化的先进性和广泛性，达成广泛的社会共识。

（三）文化认同力

文化认同力是指主体文化领域对外部系统的吸引、感召、影响，包括国家的意识形态、价值观念、政治制度、生活方式、整体素质等的独特魅力。认同是文化软实力的核心，提升文化认同力必须遵循两个原则：一是坚持求同存异原则，不同文化之间应和谐共存，而不应排斥和对抗异质文化；二是要坚持主动认同原则。文化软实力能否被认同，话语权掌握在接受方，输出方只负责塑造高质量的文化产品，丰富、充实富含创新和积极向上文化因素的子文化系统，要始终践行承担社会责任的价值理念，以期为对方的文化提供精神动力，获得广泛认同。不能进行狂轰滥炸似的引诱认同，借文化的名义恶意入侵，企图分散、消解接受方的传统文化，或者以武力冲击、诋毁的方式迫使对方接受自己的文化观念。

文化认同的宗旨不是要抹杀另一方的主流文化，而是互通有无，对接受方的文化进行更新、改造，增添精华和活力，从而形成一种相互信任的、相互促进的、和谐的、发展的社会关系。在经济全球化背景下，文化主体交往的拓展、文化认同力的发挥可极大地促进文化软实力提升，在无形中增强文化主体的经济、政治力量。

第二节 文化产业的内涵与外延

一、文化产业的内涵

（一）文化产业的概念

文化产业是随着商品经济、工业化生产与社会组织模式的变迁逐渐发展演化成的一种产业形态。有学者认为，创意产业的概念在 1994 年以后开始正式使用，它标志着文化创意产业数字化时代的来临，而其根源可追溯到工业化、城市化及反文化运动等国际化背景上。

事实上，早在 1947 年德国哲学家、社会学家阿多诺和霍克海默就曾提出"文化产业"或"文化工业"的概念雏形，着重突出了文化的工业化与市场化的重要意义，即文化产品与服务的标准化和规模化对文化自身的发展很可能会带来严重的消极影响。此后，文化工业在朝着经济产业的方向发展的同时也转型成为文化产业，这是文化领域与经济领域融合发展的重要实践。也就是说，文化产业既可以像轻、重工业等物质生产部门一样，生产制造文化产品，为社会带来经济效益，也可以促进精神文化内容的丰富与完善。

文化产业是文化与产业的集合，学界也主要从经济和创新两方面对文化产业的内涵与外延进行限定。文化产业在不同的国家有着不同的"名字"，包括"文化工业""创意产业""内容产业""版权产业"等。其中，日本主要将文化产业称为"内容产业"，强调文化产业内容的精神属性，其发展重点也侧重于动漫、游戏、音乐等文化领域；美国将文化产业称为"版权产业"，侧重文化产品或服务版权的保护价值；而英国则称之为"创意产业"，认为知识、创造力与才能是文化创意产业的主要因素，更多地聚焦于知识创新及产权保护在文化产业发展中的突出作用和地位。

当然，中国的文化产业有着特殊的历史渊源。在中国，文化产业是从文化事业转型发展的一种文化发展类型，同时又包含着诸多文化事业的属性，承担着服务人民群众文化需要、维护意识形态安全、促进经济结构转型等多重职能。可以说，中国的文化产业可以分为公益性文化事业与经营性文化产业两部分，需要以传统的文化事业体制及内容为基础，具有文化事业的普遍性，同时又表现出其产业发展的特殊性。换句话说，文化产业是以文化事业为基础，汇入了经济效益和知识创新要素的新事物，主要强调一国文化中可以转化为市场产业集群化生产与消费的那一部分。

文化产业和文化事业既有区别，也有联系。一般来说，文化事业注重文化发展的公共性与非营利性，文化产业注重发展的经济性和利润回报；文化事业注重人民的文化权利与权益满足，文化产业注重人民的文化商品消费；文化事业需要政府负责并依托行政命令与法律规制实施，文化产业主要由企业和社会承担，并由价格与供求机制决定发展方向。

因此，经营性文化产业和公益性文化事业从根本上说是中国文化产业发展的两种不同形式，最终是为了满足人民群众日益增长的精神文化需要。因此，讨论新时期中国文化产业的发展时，必然首先需要对公益性文化事业发展进行比较分析，以此为基础才能全面理解中国特色社会主义文化的发展规律，两者相辅相成，缺一不可。

大部分文化产业可以从文化产品及服务的供需关系角度来衡量。当然，并不是所有的文化现象和文化产品都可以作为产业来经营，能够作为产业来经营的文化产品或服务有特定范围。

联合国教科文组织和关税及贸易总协定的相关界定较为权威，即文化产业是从事具有文化属性的产品与服务的创造、生产、交换与消费的行业，主要分为纸媒、视听、唱片、多媒体、视觉与表演艺术、文化旅游与体育等7种主要类型和42个具体类别。

从国际组织与我国政府部门对文化产业的界定来看，联合国教科文组织主要强调文化产业的工业再生产过程及服务性质，而我国政府部门也强调文化产业的生产、流通过程及服务性质。这也将成为一般学者研究文化产业发展的主要内容和基本范畴。

鉴于上述观点，文化产业的核心内涵是为了满足社会公共文化需求，以公益性事业为基础，强调市场调节方式，配置社会文化资源，从事文化产品生产、流通及提供文化服务的经济性活动的行业总称。

（二）文化产业的特征

文化产业作为按工业化标准进行的文化生产、流通和消费的现象，是文化与经济、高新技术紧密结合的产物，兼具意识形态属性和商品属性，属于知识密集型新兴产业，它具有以下主要特征。

1.文化性

文化产业的出现是知识文化在经济发展中地位日益提高的结果，是将抽象的文化直接转化为具有高度经济价值的产品的"精致产业"。它将知识的原创性与变化性融入具有丰富内涵的文化之中，使其与经济结合，发挥出产业功能，其产品有可能是某种形式的"智能财产权"。文化产业以其文化性来满足人们的审美、求知、群体认同等文化需求，进而促进人类社会整体的维系和发展。因此，"文化性"是文化产业的本质，"文化性"将文化产业与其他产业区别开来。任何一种文化产业都是在一定的文化背景下进行的，如果没有一定的文化底蕴，文化产业就会成为无源之水、无本之木。

但文化产业不是对传统文化的简单复制，而是依靠人的灵感和想象力，借助科技对传统文化资源的价值进行再提升，是一种利用知识与智能终端创造产值的过程。文化产业的发展不仅能带来较高的经济效益，文化产品还传播着人文价值观，它影响着文化消费者的思维和意识形态，关系到一个国家和民族价值观的输出和影响。

2.融合性

文化产业结构具有高度融合性，表现为三种方式：一是高新技术与文化产业内容的融合，二是文化产业内部的融合重组，三是文化产业与其他产业间的融合。以文化产业链为例，其上游是文化资源的重新整合与海量文化内容的汇聚；下游是消费类信息技术产品的普及和信息文化娱乐产品的大规模市场化推广以及大众流行文化艺术符号在传统产业中的普遍运用，产业链内部的产品之间彼此紧密相连。

3.集群性

现代文化产业已不再是局限于个人和单个企业的行为，更是集体的互动和企业的地理集聚。文化产业本身具有多层次的产业链，从上游的文化创意到中游的文化产品的生产、复制再到下游的文化传播等，都属于文化产业。文化产业是"头脑和心灵的粮食"，能够满足文化消费者多样化、多层次、多方位的精神文化需求。

文化产业集群的特征体现了生活和工作结合、知识文化产品生产和消费结合，有多样性的宽松环境和独特的本地特征，而且与世界各地有密切的联系。

4. 创新性

当代社会各种产业利润主要靠领先的自主创新和技术进步来实现，而文化产业正是自主创新能力和技术含量高的一个门类。文化产业是一种智慧型产业，它以内容创意为核心，综合产品的制造、营销和推广，形成文化品牌优势，带动后续产品开发，形成上下联动、左右衔接、一次投入、多次产出的链条。它是人类知识创新、技术创新、科技发展的结果。

因此，文化产业十分强调创意和创新，文化产业的本质就是把文化思想、知识技能、创造力综合起来，形成新的产品、新的市场，提供新的服务，创造新的就业机会。比起其他传统生产型产业，文化产业不是单纯固定资产的积累和原材料的投入，而是更注重人力资本的投入及人力资源的创新开发。

5. 科技性

文化产业与信息技术、传播技术和自动化技术等科技的广泛应用密切相关，它通过与应用科学技术的嫁接与各行各业相融合，为产品和服务提供新的价值元素，实现从产品创新向价值创新的转变，呈现出高知识性、智能化的特征。如电影、电视等产品的创作就是通过与光电技术、计算机仿真技术、现代传媒技术等相结合而完成的。科技创新使文化产品价值中科技和文化的附加值比例明显高于普通的产品和服务。

6. 依附性

相对于其他产业而言，文化产业对物质生产力水平和政策制度环境有更大的附属性和依赖性。

一方面，文化产业的发展强烈依赖于社会的物质生产力水平，因为文化的需求是一种基本物质生活需要得到满足之后才会出现的高级精神需求。只有社会物质生产力发展到一定水平，文化产业才有可能迅速发展。在物质生产力不发达、人民物质生活水平低下的条件下，文化消费只能是少数人的特权，不可能成为广大人民现实的社会需求。

另一方面，文化产业的发展高度依赖于政策制度环境。由于文化产业具有精神性和意识形态功能，其发展不可避免地要与一个国家的普遍意识形态状况和政治环境发生直接的联系。一台洗衣机可以在不同意识形态的国家和不同的政治制度条件下使用，并不影响其实用功能的发挥；但一部影片却可能在意识形态不同的国家和政治制度中遭遇完全不同的对待，甚至与国家政治发生正面冲突，与民族的信仰、道德、审美观念和价值观产生尖锐的矛盾。

当文化产业的发展与国家的政策制度环境相契合时，就能得到快速发展；而当其与一定的政策制度环境不协调时，发展就会减缓甚至停滞。这一规律提示我们，如果要发展文化产业，一定要多研究国家的政策制度环境，尊重文化市场所在国家的法律、法规和风俗习惯。从国家管理者的角度来考虑，则应该尽可能地创造宽松的政治环境，为发展文化产业创造良好的政策制度环境。

二、文化产业的范围

我国文化产业的范围是随着国家管理体制改革和社会主义市场经济发展而不断变化的。2018 年，国家统计局与中宣部及国务院有关部门共同研究并制定了《文化及相关产业分类（2018）》，从国家有关政策方针和课题组的研究宗旨出发，结合我国的实际情况，将文化及相关产业概念界定为"为社会公众提供文化和文化相关产品的活动的集合"。同时，该文件把文化产业的范围限定为以下两个方面。

①以文化为核心内容，为直接满足人们的精神需要而进行的创作、制造、传播、展示等文化产品（包括货物和服务）的生产活动。具体包括新闻信息服务、内容创作生产、创意设计服务、文化传播渠道、文化投资运营和文化娱乐休闲服务等活动。

②为实现文化产品的生产活动所需的文化辅助生产和中介服务、文化装备生产和文化消费终端生产（包括制造和销售）等活动。

第三节　文化产业的发展定位

一、产业定位

（一）产业定位与作用

在国民经济行业分类中，一个行业（或产业）是指从事相同性质的经济活动的所有单位的集合。在统计分类中，行业与产业在英语中都被称为"industry"。对国际上的有关分类，我国一般翻译为"产业"，而我国相对应的分类叫"行业"。目前，我国使用"产业"一词时往往更强调其经营性或经营规模。

产业定位是指某一区域根据自身具有的综合优势和独特优势以及所处的经济发展阶段和各产业的运行特点，合理地进行产业发展规划和布局，确定某一产业为主导产业、新兴产业、支柱产业或者基础产业的过程。

产业定位直接影响着产业的性质、产业的发展和相关政策制定，也是国家中长期发展规划中一项重要的内容和工作。具体来说，一是确立某个产业在整个国民经济中的地位，二是进行规划和布局，三是出台区别对待的政策。

例如，农业作为基础产业，给我国财政收入和 GDP 的增长带来了一定的效益，而且事关 14 亿人的吃饭问题，所以必须是我国的基础产业，国家要出台一系列的政策稳住农业，推动农业发展，给予种粮补贴。

（二）各国文化产业的发展定位

由于不同国家的政治文化背景以及经济发展水平不同，文化产业在不同国家的发展定位也不相同。

在美国，文化产业在经济领域不具有特殊地位，美国政府认为文化产品与钢铁、汽车等其他产品没有什么不同，文化不需要特殊的规划和"保护"，政府所应做的只是提供公平合理、充分竞争的文化舞台。

在英国，20 世纪 90 年代，英国专家、学者率先提出了"创意经济"这个概念。经过几十年的努力，创意产业在英国已成为与金融业相媲美的支柱产业，帮助其国民和政府突破了经济发展的困境，成为新的经济增长点。

在韩国，1997 年金融危机后，政府开始将资源投入资讯娱乐产业等与文化相关的产业，对文化产业从人才培养、研发到完成生产后的国际行销等一列环节进行协助和辅导，为韩国文化产业兴起做了准备。韩国在发展文化创意产业方面偏重游戏产品以及数码电子网络等新兴产业。

在日本，政府把提高文化竞争力作为提升本国文化产品竞争力的重要举措，认为通过文化产品可以加深世界对日本文化的理解，使日本获得尊重，从而使日本产品提高文化含量和附加值。2001 年，日本明确提出知识产权立国战略。

二、文化产业是新兴产业

（一）新兴产业的定义

早在 2001 年，唐娟和廖其浩就从信息资源建设的角度明确指出，由于信息技术的发展，信息资源逐渐数字化，信息资源和传统文化产业融合形成了一个新兴产业——内容产业，同时他们对内容产业的组成、价值及对我国文化产业的影响进行了简要说明。

2004年，李亚青提出了"信息文化产业"的概念，指出信息文化产业是融合信息技术与文化产业，经由市场化运作而发展起来的新兴产业，具有数字化、高技术和交互性的特点。

他们虽然都没有直接使用"新兴文化产业"这个概念，但其探讨的"内容产业"和"信息文化产业"都具有了新兴文化产业的特点。

2005年，利向昱在《科技助力新兴文化产业》中介绍了新技术条件下催生的几种新兴文化产业，这是学界首次使用新兴文化产业这一概念。首次明确地将"高科技推动下出现的新的文化行业"概括为新兴文化产业并加以探讨的是祁述裕和韩骏伟，他们在《新兴文化产业的地位和文化产业发展趋势》中针对文化产业的发展趋势，为我国新兴文化产业发展提出了战略性意见。

综上所述，新兴产业就是指随着新的科研成果和新兴技术的发明、应用而出现的新的部门和行业。新兴产业具体包括电子、信息、生物、新材料、新能源、海洋、空间等新兴产业部门。

（二）新兴产业的特点

国内学者一般从新兴文化产业与传统文化产业的比较角度出发来研究新兴文化产业的特点。陈芊润、祁述裕指出具有"数字化""全息化"和"交互性"特点的高新技术将"创造全新的文化产业"，并且"促进传统文化产业的产业升级"，还推动"不同文化行业之间的融合"。

刘忠指出"新兴文化产业形态从旧的文化产业形态之中脱胎而来，既继承了旧文化产业形态的某些特征，但同时又具有旧文化产业形态不具备的新的特征"，并强调新兴文化产业的核心就是创意。

肖荣莲认为新兴文化产业具有文化与科技相互融合、文化业态自身之间融合、以文化创意和创新为基础以及集群化发展等特点。

牛维麟则提出新兴文化产业相较于传统产业，具有技术进步迅速、新兴消费活跃、体制性障碍较少、国际对接便捷的特点。

从以上分析可以看出，现有文献对新兴文化产业特点的研究大都集中在宏观和积极层面，一般认为新兴文化产业具有数字化、网络化、交互性、融合态、多样性等特点，对新兴文化产业的微观和消极特征关注较少。

（三）新兴产业的范畴

2010年10月10日国务院发布《关于加快培育和发展战略性新兴产业的

决定》，确定节能环保、新一代信息技术、生物、高端装备制造、新能源、新材料、新能源汽车七个行业为新兴产业。

1. 节能环保产业

重点开发推广高效节能技术装备及产品，实现重点领域关键技术突破，带动能效整体水平的提高。加快资源循环利用关键共性技术研发和产业化示范，提高资源综合利用水平和再制造产业化水平。示范推广先进环保技术装备及产品，提升污染防治水平。推进市场化节能环保服务体系建设。加快建立以先进技术为支撑的废旧商品回收利用体系，积极推进煤炭清洁利用、海水综合利用。

2. 新一代信息技术产业

加快建设宽带、泛在、融合、安全的信息网络基础设施，推动新一代移动通信、下一代互联网核心设备和智能终端的研发及产业化，加快推进三网融合，促进物联网、云计算的研发和示范应用。着力发展集成电路、新型显示、高端软件、高端服务器等核心基础产业。提升软件服务、网络增值服务等信息服务能力，加快重要基础设施智能化改造。大力发展数字虚拟等技术，促进文化创意产业发展。

3. 生物产业

大力发展用于重大疾病防治的生物技术药物、新型疫苗和诊断试剂、化学药物、现代中药等创新药物大品种，提升生物医药产业水平。加快先进医疗设备、医用材料等生物医学工程产品的研发和产业化，促进规模化发展。着力培育生物育种产业，积极推广绿色农用生物产品，促进生物农业加快发展。推进生物制造关键技术开发、示范与应用。加快海洋生物技术及产品的研发和产业化。

4. 高端装备制造产业

重点发展以干支线飞机和通用飞机为主的航空装备，做大做强航空产业。积极推进空间基础设施建设，促进卫星及其应用产业发展。依托客运专线和城市轨道交通等重点工程建设，大力发展轨道交通装备。面向海洋资源开发，大力发展海洋工程装备。强化基础配套能力，积极发展以数字化、柔性化及系统集成技术为核心的智能制造装备。

5. 新能源产业

积极研发新一代核能技术和先进反应堆，发展核能产业。加快太阳能热利用技术推广应用，开拓多元化的太阳能光伏光热发电市场。提高风电技术装备水平，有序推进风电规模化发展，加快适应新能源发展的智能电网及运行体系建设。因地制宜开发利用生物质能。

6. 新材料产业

大力发展稀土功能材料、高性能膜材料、特种玻璃、功能陶瓷、半导体照明材料等新型功能材料。积极发展高品质特殊钢、新型合金材料、工程塑料等先进结构材料。提升碳纤维、芳纶、超高分子量聚乙烯纤维等高性能纤维及其复合材料发展水平。开展纳米、超导、智能等共性基础材料研究。

7. 新能源汽车产业

着力突破动力电池、驱动电机和电子控制领域关键核心技术，推进插电式混合动力汽车、纯电动汽车推广应用和产业化。同时，开展燃料电池汽车相关前沿技术研发，大力推进高能效、低排放节能汽车发展。

（四）文化产业的新兴性特点

随着经济全球化进程的加快，文化产业已成为 21 世纪发展最快的朝阳产业之一，它与信息产业并称为 21 世纪的两大新兴支柱产业，成为世界经济增长的两个新亮点。具体来讲，文化产业的新兴性特点表现在以下五个方面。

一是融合性。知识文化与经济融合成为一个产业形态。以往的文化知识往往是一个人的符号，就是有文化，有知识，值得民众尊重；而文化产业将文化与知识变成了资本，形成了知识市场、文化市场，产生了大量的新兴业态，如书画市场、古玩市场、音像业、拍卖行、策划公司、文化传播公司等。

二是支撑性。经济发展需要知识文化的支撑；文化产业融入经济之后，给经济发展以强大的支撑。如日本的动漫业就支撑起了日本经济的半壁江山。再如功夫熊猫、恐龙、灰太狼等动漫形象都具有很高的价值，为影视业的发展注入了活力。

三是精神性。文化产业满足的是民众日益增长的知识文化等精神需求。旅游景点并没有因为游客的到来而被分割卖掉，游客消费的是看到的景色风光与文化体验感受；看完电视连续剧，观众并没有用有线电视费用买到发行权、复制权，只是为剧中人物命运感慨。故而一些专家提出了文化产业符号消费的理论。

四是发展性。文化产业有很大的市场空间和发展潜力，具有产业常有的创造价值财富、促进就业等产业功能。

五是创造性。文化产业尽管也以文化企业作为生产单位，但是除了经营、生产、运作、营销服务等生产链条之外，特别强调策划、创意。

（五）文化产业作为新兴产业的意义

第一，文化产业使文化经济化。文化产业更加强调其经济功能；有了需求、购买、市场，很多文化事业单位因此逐步走上企业化、公司化、集团化的市场改革之路。

第二，文化产业使文化商品化。它使文化的常态存在变为文化产品的存在，有了价值、价格。

第三，文化产业使文化大众化。文化产业发展必须走一条大众化之路，才能有消费市场和市场效益。例如，文化景点、旅游景区。另外，文化产业将历经漫长时期形成的精神通过移植、仿造、嫁接、创造等转化为文化产品，满足大众各种消费需求，为大众消费提供更简捷的消费形式。

第四，文化产业使文化娱乐化。它突破了意识形态的文化属性，变成一种市场生产与消费行为；放大了娱乐与消遣的功能，使文化走出了神圣的殿堂。

三、文化产业是支柱产业

（一）支柱产业的概念

支柱产业是指，在一定时期内，构成一个国家或地区产业体系的主体，这类产业具有广阔的市场前景、技术密度高、产业关联度强、发展规模大、经济效益好的特征，对整个国民经济起支撑作用。

这里对于支柱产业的界定，既体现了支柱产业在国民经济和产业体系中所处的地位和发挥的作用，又较全面地总结了支柱产业的特征，并且对支柱产业与主导产业做了一定的区分。

（二）支柱产业的特征

支柱产业是新技术革命进入实用阶段以后，产业结构发生重大改组的产物。第二次世界大战以后，许多发达资本主义国家都大力发展支柱产业，并依靠这些产业带动了其他产业以及整个国民经济的发展。现在世界上有许多区域经济很发达，这些区域一般都有一个或多个支柱产业，这些产业都占有较大的市场份额、具有较高的技术水平，特别是在国民经济产值中占有较大的比重。从总体上看，支柱产业具有如下一些特征。

第一，支柱产业是资本密集型产业。资本密集型产业就是指在生产过程中需要大量资本用于购买生产资料和劳动力的产业。如钢铁工业、石油化学工业就是这样的支柱产业。

第二，支柱产业具有相对成熟和比较高的技术水平，也就是处于技术更新周期比较稳定的阶段。从产业生命周期来看，支柱产业一般都是处于成熟期的产业。因为一个产业只有到了成熟期，社会对它的需求和市场的占有份额才能达到最大，才能有长期和稳定的产出与收入。

只有当某产业的生产技术、固定资产和设备已处于更新周期的稳定阶段时，该产业才不至于因飞速发展的技术进步而导致生产经营产生过大波动。因此，支柱产业一般都是处于成熟期的产业。政府在振兴支柱产业时，不应该把那些需要大量投资进行改造且本身处于技术更新期的产业作为支柱产业。

第三，支柱产业具有产业关联度高的特点。任何产业与产业之间都存在着这样那样的联系，有的是直接的，有的是间接的，这些产业之间的联系被称为产业的关联。有的产业与产业之间的关联度低，一种产业对另一种产业的影响不大，如食品业；有的产业与产业之间的关联度高，一种产业的产生、发展、变化对另一种产业的产生、发展和变化影响很大，甚至一种产业的兴衰直接决定和制约着另一种产业的兴衰。

一般来说，支柱产业就是产业关联度高的产业。例如，汽车业的发展会影响到钢铁工业、有色金属冶炼业、橡胶工业、石油工业的发展，会影响到环境保护、城市建设、服务革命和经理革命的变化，还会影响运输业、服务业。所以，支柱产业是产业关联度高的产业。

（三）国内外支柱产业概况

1. 国外的支柱产业

美国的支柱产业——房地产业，重工业（如汽车、机械制造），钢铁，航空，高科技产品（如电脑软件），金融行业（银行、金融类衍生产品），农业（美国是多种农作物的出口国），军工，电影业，食品业。

英国的支柱产业——媒体业，金融业，服务业，教育业。

日本的支柱产业——电子，汽车，钢铁，数字媒体，动漫，游戏，渔业。

瑞士的支柱产业——金融业，保险业，精密机械制造业。

韩国的支柱产业——影视，美容美体，钢铁，汽车，造船，电子，纺织，半导体，石油化工，游戏。

澳大利亚的支柱产业——畜牧业，农业，矿业，机械设备，金属产品，烟草，石油、煤炭、化工。

俄罗斯的支柱产业——军工，石油、天然气，木材。

德国的支柱产业——机械制造，航空航天，电子电器，汽车制造。

法国的支柱产业——旅游，农业，发电设备。

2.我国的支柱产业

在三大产业中，我国以工业为主导，机械电子、石油化工、汽车制造和建筑房地产业都是我国的支柱产业。目前，石油和化工行业是国民经济的重要基础和支柱产业，在宏观经济的发展中占有举足轻重的地位，主要有以农用化学品和炼油、乙烯为龙头的石油化工、能源替代精细化工和专用化学品等。

我国三大产业的具体分布情况：珠江三角洲一带以轻工业、服务业为主；长江三角洲一带以轻工业、进出口制造业、金融业为主；东北三省以重工业、林业为主；中南省市以运输业、轻工制造业为主；西北地区以服务业、农林牧业为主。

（四）作为支柱产业的文化产业的作用

发展文化产业应注重发挥市场机制的积极作用，培育骨干文化企业和战略投资者，鼓励和引导非公有制经济进入，发展新型文化业态，增强多元化供给能力，满足多样化社会需求，繁荣社会主义文化市场，推动文化产业成为国民经济支柱产业。

文化产业作为支柱产业的主要贡献与拉动作用如下。

一是为工业和农业的生产和产品提供创意策划。例如，对农副产品、绿色食品、有机蔬菜等的策划与包装。

二是有利于建设以文化产业为主的城市产业群。历史文化名城多为文化产业城市，生态宜居城市也必须以文化产业为主体经济发展形态。

三是用农村文化产业拉动农村经济发展，靠文化产业带动千家万户进入经营市场。

四是发挥地域文化优势，以地方文化产业为龙头，形成地域文化产业特色群与集聚区。

四、文化产业属于服务业

（一）服务业的概念

服务业的概念最早源于西方"第三产业"这个概念，1935 年，英国经济学家、新西兰奥塔哥大学教授埃伦·费希尔在其所著的《安全与进步的冲突》一书中最先提出了"第三产业"的概念，泛指旅游、娱乐、文化、艺术、教育、科学和政府活动等以提供非物质性产品为主的部门，并用于国民经济产业结构的划分，从而形成三次产业的分类法。

1957 年，英国经济学家、统计学家克拉克丰富了费希尔第三产业概念的内涵，把国民经济结构明确划分为三大部分，即第一大部分以农业为主，包括畜牧业等；第二大部分包括制造业、采矿业等；第三大部分是服务业，包括建筑业、运输业、通信业、商业、金融业、专业性服务和个人生活服务、政府行政、律师事务和军队服务等。

通常采用国际通行的产业划分标准来定义服务业，即农业、工业和建筑业以外的其他各行业，其发展水平是衡量生产社会化和经济市场化程度的重要标志。服务业按服务对象一般可分为三类：一是生产性服务业，指交通运输、批发、信息传输、金融、租赁和商务服务、科研等领域，具有较高的人力资本和技术知识含量；二是生活（消费）性服务业，指零售、餐饮、房地产、文体娱乐、居民服务等领域，属劳动密集型，与居民生活相关；三是公益性服务业，主要是卫生、教育、水利和公共管理组织等。

服务业结构演变一般来讲，在初级产品生产阶段，以发展住宿、餐饮等个人和家庭服务等传统生活性服务业为主。在工业化社会，与商品生产有关的生产性服务迅速发展，其中在工业化初期，以发展商业、交通运输、通信业为主；在工业化中期，金融、保险和流通服务业得到发展；在工业化后期，服务业内部结构调整加快，新型业态开始出现，广告、咨询等中介服务业，房地产、旅游、娱乐等服务业发展较快，生产和生活服务业互动发展；在后工业化社会，金融、保险、商务服务业等进一步发展，科研、信息、教育等现代知识型服务业崛起为主流业态，而且发展前景广阔、潜力巨大。

（二）服务业的特点

服务业是现代经济的一个重要产业。在我国，与工业、农业一起支撑着整个国民经济。

服务产品与其他产业产品相比，具有非实物性、不可储存性和生产与消费同时性等特征。看电影，欣赏的是内容，而不是购买的胶片、放映机；看演出，门票钱买的是演出的即时状态；买书，是为了书的内容，不是买断了版权，不能随便使用书里面的内容，否则视为抄袭。

在我国国民经济核算实际工作中，国家将服务业视同第三产业，即将服务业定义为除农业、工业、建筑业之外的其他所有产业部门。

（三）服务业的范畴

①交通运输、仓储和邮政业，简称交通服务业、物流业。

②信息传输业、计算机服务和软件业，简称信息电子服务业。

③批发和零售业，简称商业。

④住宿和餐饮业，简称酒店行业。

⑤金融业。包括投资类、保险类，如银行，证券保险公司、财务公司、投融资公司等；还包括商业银行的租赁业务，即商业银行作为出租人，向客户提供租赁形式的融资业务，包括融资性租赁和经营性租赁。

⑥房地产业。是从事房产开发、经营、管理和服务的行业。

⑦租赁和商务服务业。租赁业包括房屋、场地、汽车、机械等租赁业务；商务服务业包括电子商务、国际商务等。

⑧科学研究、技术服务和地质勘查业，统称咨询服务业。

⑨水利、环境和公共设施管理业，即公共服务业。

⑩居民服务和其他服务业，即社会服务业。

⑪教育。

⑫卫生、社会保障和社会福利业。

⑬文化、体育和娱乐业，即文化产业。（2012 年国家统计体系将体育业排除在统计之外）。

（四）国家对服务业的要求

把推动服务业大发展作为产业结构优化升级的战略重点，建立公平、规范、透明的市场准入标准，探索适合新型服务业态发展的市场管理办法，调整税费和土地、水、电等要素价格政策，营造有利于服务业发展的政策和体制环境。大力发展生产性服务业和生活性服务业，积极发展旅游业。拓展服务业新领域，发展新业态，培育新热点，推进规模化、品牌化、网络化经营。推动特大城市形成以服务经济为主的产业结构。

党的十八大提出未来几年重点发展的服务业：①文化产业；②老龄服务业；③文化旅游业；④快递业；⑤信息服务业。

（五）文化产业作为服务业的作用

1.是区域经济的重要支撑

第一，文化产业重点项目、重点园区、基地推动了区域经济发展。例如，红色旅游产业园区就可以推动革命根据地经济发展。

第二，文化产业规模总量迅速扩大。

第三，文化产业对整体经济发展的支撑作用显著增强。全国文化产业增加值年均增长率为 23%～24%，高于同期生产总值增长水平。文化产业在转变经济发展方式中优结构、扩消费、增就业、促跨越、可持续的独特优势逐步得到发挥。

第四，能培育一批优势的文化产业集群。平面媒体、广播电视、数字出版、印刷复制等产业集群规模大；文化新业态蓬勃兴起，如数字出版、动漫、网络游戏、自主研发制造的电子游戏设备等。

2. 可满足民众的文化消费需求

文化需求是人的一项基本需求。自古以来，人类生存发展历史就是一个文明进步的过程，今天，我们既要认识到经济发展与文化需求的关系，也要认识到文化需求自身发展的规律。所谓精神文化消费需求，就是人们在学习、娱乐、教育、旅游等方面的支出。精神文化方面的消费需求人人需要，天天需要，不断更新，永无止境。比如，人们对书报、音像影视、艺术产品的需求，对娱乐服务、旅游服务、信息与网络服务的需求等。而且即使是物质上的衣食住行需求也文化化了，人们更多关注的还是品牌、流行和时尚。

五、文化产业是主导产业

(一)"主导产业"的概念

"主导产业"的概念最早是由美国经济学家 W.W. 罗斯托提出的主导部门引申出来的。主导部门，即"一个新部门可以视为主导部门的这段时间，是两个相关因素的复合物：第一，这个部门在这段时间里，不但增长势头很大，而且还达到显著的规模；第二，这段时间也是该部门的回顾和旁侧效应渗透到整个经济的时候"。

对这一概念的界定，国内近年来也有了很多新的见解。江小涓认为，主导产业是指"能够较多吸收先进技术、自身保持较高增长速度并对其他产业的发展具有较强带动作用的产业部门"。

刘伟认为，"在特定的时期内，主导产业有快于其他产业的增长势头并正在或已经在产业结构中占据优势比重；主导产业通过其前后向关联与旁侧关联能够对整个经济增长和产业结构发挥明显的'主导性'作用，即能够确实地将其活跃的增长势头，优势的技术创新、制度创新效果广泛而深刻地扩散到整个经济体系中去"。

学者朱欣民认为，主导产业"又称主导专业化产业，系能在区域经济中发挥主导作用，带动经济全盘发展的拳头产业"。

学者江世银认为，主导产业"是指那些首先采用了先进技术、降低了成本、扩大了市场、增加了利润和积累、扩大了对其他一系列部门的产品需求和对地区经济成长的影响，从而带动了整个国民经济发展的部门"。

还有很多学者对这一概念进行过界定，在此不再赘述。这些学者大多从各自的研究领域及观察视角出发对主导产业一词进行界定，虽然在某些细节上存在不同的观点，但对于主导产业一词所涵盖的主要内容的认识还是基本一致的，这些观点主要将主导产业的概念的界定集中在这样几个方面：高增长速度、新技术的应用以及在产业升级过程中的导向作用。

综合一下大家的观点，主导产业就是指在经济发展过程中，或在工业化的不同阶段出现的一些影响全局的、在国民经济中居于主导地位的、能通过其前后向关联与旁侧关联带动整个经济增长的产业部门。

由于主导产业的存在及其作用会受特定的资源、制度和历史文化的约束，在不同的国家或同一个国家不同的经济发展阶段，主导产业也是不一样的，它会因所依赖的资源、体制、环境等因素的变化而演替，因此，特定阶段的主导产业是具体条件下选择的结果，也是主观因素和客观因素共同作用的结果。一旦条件（含经济条件、政治条件、社会条件等）变化，原有的主导产业群对经济的带动作用就会弱化，被新一代的主导产业所替代。所以，主导产业演进会表现出序列演替性和多层次性的特征。

（二）主导产业的特征

在现代社会经济生活中，由于经济活动和各产业部门复杂的技术经济联系，主导产业具有一些显著特征。

1. 多层次性和综合性

由于发展中国家在优化区域产业结构过程中，既要解决区域产业结构的合理化问题，又要解决区域产业结构的高度化问题，有的甚至还要解决区域产业结构的现代化问题，实现目标是多重化的，因此，处在战略地位的主导产业群就呈现出多层次的特点。

由于发展中国家在经济发展中面临的问题是多样的，各产业部门在为发展目标服务时，其作用是各有侧重而又互为补充的，因此各产业部门的作用主要取决于产业部门的特性。部门特性包括产业增长特性、关联特性、技术特性、需求特性和资源特性等的差异以及面临问题的多样性，要求在选择主导产业时应综合考虑各种因素，这就决定了主导产业群的综合性。每个区域的主导产业既是系统内的一个组成部分，又有相对的独立性和完整性，这也体现了它的多层次性和综合性。

2. 联系效应性

主导产业能够对区域经济和其他产业产生较强的联系效应。联系效应分前向联系和后向联系。

前向联系是指该产业对产后有关部门的影响，即供给影响，也就是一个产业发展推动其他产业的供给能力增加，从而带动这些产业发展的作用。

后向联系是对产前有关部门的影响，即需求拉动。由于主导产业的发展能促进其他产业的发展，如果社会对某一产业的产品需求增加时，对需求约束型经济而言，这一产业将得到发展，而该产业的发展就带来了为它提供资源产品的产业的需求，因而相应带动了这些产业的发展。

高收入弹性主要考虑需求的变化，它反映了主导产业具有迅速增长的需求，因而有持续的较高的产量增长率的特征。这种通过需求增加带动其他产业发展的作用就是后向联系。

联系效应性可以从区域主导产业投入产出关联度的角度看，由于主导产业的产业链长，它比别的产业具有更大的带动效应，能广泛带动其他产业的发展，这是主导产业有别于一般支柱产业的一个重要特点。它充当的是拉动经济增长的火车头，是区域产业结构的核心和骨架，而不仅仅是一个增长点。

所以，"主导产业的群体特性表明作为主导产业的各个产业之间存在着比其他产业间更为紧密的联系，往往是一个行业的发展要求其他主导产业的相应发展；一个产业发展受阻，其他的产业也会受到影响"。

3. 持续增长性

由于主导产业导入了新的生产技术，促进了技术进步，并创造了新的市场需求，因此，可以获得较高的发展速度，同时对整个产业结构具有引导作用，对其他产业的发展具有巨大的带动作用，表现出较高的产业增长率。虽然较高的产业增长率也可以由其他条件所引起，如受经济周期的影响，在经济扩张时期很多产业都能在一段时期表现出较高的产业增长率，但一旦引起经济增长的内外有利条件消失，高增长率就会很快回落。而主导产业的高增长率是由技术进步和新的市场需求促成的，能够维持相当长的时期，因此具有持续增长性。这种持续增长性有的能够维持十多年，有的能够维持一个世纪甚至更长。

（三）文化产业的主导特点

第一，文化产业是潜在的主导产业。潜在主导产业是指与经济发展的未来特定阶段相联系的，预期在该阶段将具有很高的创新率，能迅速引入技术创新，并对该阶段的技术进步和产业结构升级转换具有重大的关键性的导向和推动作用，本身成长性很高，带动性和扩张性很强，但目前还处于幼小或形成状态的产业。

第二，文化产业具有产业带头作用。随着社会的发展，社会财富的形态也发生了变化，知识经济、知识产权、信息产业的文化财富含金量，大大超过了以金、银等为基础的物质财富含金量。特别是文化产业的发展，会促进人们更新观念，带动经济更快发展，使社会财富增长更快。

第三，文化产业发展前景良好。文化具有很强的渗透性。随着文化与经济日益交融，文化产业充分体现了优结构、促转型、扩消费、零污染、广就业、可持续等作用和优势，对经济增长和转变经济发展方式的贡献越来越大；文化产业与旅游、休闲、制造、电信、交通等产业相融合，使文化产业成为国民经济新的增长点和现代服务业的支柱产业。

第四，文化产业生产率快。这意味着文化产业投入减少、成本降低、收益增加的速度加快。

第四节　文化软实力提升的意义

一、文化软实力提升对国家的重要意义

（一）有利于维护国家文化安全

国家文化安全是一国在发展进程中有效应对并化解各种潜在文化风险及威胁，防止自身文化不被其他文化侵蚀，进而保证自身文化能够健康发展的一种文化状态。随着世界多元文化交流、交融、交锋日益频繁，文化安全已成为继经济安全、军事安全、政治安全后国家安全体系中的核心构成部分，成为决定国家整体安全的关键战略要素。在这种形势下，如何保障我国文化安全，捍卫自身文化主权就成为摆在我们面前的重要课题。

不同于政治、经济、军事等硬实力对峙的阵线分明，文化领域的交锋具有很强的抽象性和隐蔽性，因而维护国家文化安全具有极大的复杂性和多元性。特别是近年来网络技术的飞速发展使信息流通早已突破了国家疆域的限制，承载着西方价值观念的文化产品在资本的推动下来势汹汹，政府"把关

人"的角色弱化，单纯依靠设置网络防火墙、限制文化产品进口和国家强制动员等传统排他性手段无法有效保障国家文化安全。在这种形势下，文化软实力作为国家软力量的核心构成部分，就成为唯一能够渗透到各领域、联结国家实力各要素的关键力量，成为维护国家文化安全的重要保障。

（二）有利于增强国家的综合国力

综合国力是一国赖以生存发展的全部实力和各种物质及精神要素构成的国际影响力的合力，既包括经济、政治、军事等要素所呈现的"硬实力"，也包括思想文化、价值观等所呈现的"软实力"。

在国家综合国力的博弈中，一个国家的硬实力不行，可能一打就败；而如果软实力不行，可能不打自败。而文化是软实力的核心要素，软实力在一定程度上表现为文化软实力。因此，文化软实力就构成一国综合国力发展的重要基础，谁占领了文化的制高点，谁就具备了强大的文化软实力，谁就能够在全球综合国力的博弈中占据主导地位。

文化软实力不仅是综合国力的组成部分，更对经济、政治、社会等其他国力因素起着重要的推动作用。

首先，文化软实力是推动国家经济发展的重要力量。任何形式的经济活动和产品，倘若没有一定的精神动因和文化因素参与，其结果必定是低效甚至无效的。文化通常会以知识、信息、科技等形式直接物化到经济产品中，从而促进生产效率和经济效益的提高。随着文化与经济的联系日益密切，文化产品也逐渐成为一种独立的贸易形态和重要的商品。

其次，文化软实力是影响国家政治发展的重要因素。在历史上，许多政治变革往往从文化变革开始，文化发展是政治变革的先导和政治建构的根基。一个国家的政治运作离不开其自身历史形成的民族心理和文化习性，其民主政治的实现也有赖于国民文化素质与民主意识的增强，这些都需要以国家文化软实力的提升作为基础。

最后，文化软实力是维护社会稳定的前提条件。文化的矛盾与冲突是导致社会不安定的重要因素，而强大的文化软实力能够通过教化和熏陶促进人际关系的协调，对于整合民族力量、缓和社会矛盾、促进社会和谐具有极其重要的作用。

（三）有利于综合文化发展失衡现象

中国经济的快速发展推动了世界经济的增长，在世界经济的运行体系和运行规则中，中国广大的市场、强大的制造能力、进步的科技实力等使中国经济变得越来越重要，在需求创造、产品供应、融资投资等经济功能方面，中国发挥着举足轻重的作用。当今世界全球经济一体化的格局已基本确定，中国经济发展对世界经济产生影响，而且这种影响具有相互性，世界经济也在影响着中国经济。

但是，当下中国文化的国际影响力远远不及中国经济的国际影响力。从目前来看，中国文化的发展水平和国际重量与国际主流文化还相去甚远。在国际社会上，一些国家的文化产品和文化思想传播甚远，广为世界接受和尊重，产生了巨大的国际影响力。中国作为经济大国、文明古国、人口大国和资源大国，国际文化的影响力尚且不足。

中国用"中国速度"实现了现代化发展，物质文明建设取得了辉煌成就，但是，从文化软实力与经济硬实力的关系来看，两者处于发展不匹配、不平衡状态，文化发展水平落后于经济发展水平，因此，中国需要尽量弥合文化发展失衡现象。

（四）有利于塑造良好的国家形象

文化软实力的发展，可以让更多国际友人了解到汉字、汉语、中华传统文化，提升中国国际形象，提高中国的国际地位。

文化始终是多国交流中有力的武器，各国之间虽然语言不通，无法形成有效的沟通机制，但是对文化的欣赏可以跨越语言的鸿沟。例如，丝绸之路曾在历史上留下浓重的一笔，描绘出不同文化之间相互融合的生动画面，2015年的"一带一路"倡议再次为中国文化走出国门创造了良好的契机，在俄罗斯许多中国散文被翻译成俄语版本，这些书籍为俄国人打开了接触中国文化的大门。

二、文化软实力提升的时代价值

（一）文化软实力提升的理论价值

1.发展了马克思主义文化观

马克思主义文化观是马克思主义关于文化的根本观点及文化建设理论思想。中国的文化软实力相关理论不仅是在新时期对社会主义建设道路上新鲜经验的不断总结，而且是对马克思、恩格斯关于无产阶级先进文化思想及党的历代领导集体文化思想的丰富、创新和发展。

在新时代文化建设过程中，方向性问题被多次强调，"必须推进马克思主义中国化、时代化、大众化，建设具有强大凝聚力和引领力的社会主义意识形态"，这一相对于马克思关于劳动异化的思想，发展性地提出了文化软实力建设的正确的奋斗方向，以防止文化建设者的"文化异化"产生。

党的十九大报告里还强调物质文明和精神文明要协调发展、一起全面提升，要更好地推动人的全面发展，把文化自信和中华民族伟大复兴联系在一起。而马克思则强调，人类只有摆脱商品经济和劳动异化的限制才能获得真正的解放。从实践角度看，中国在关于文化的作用、地位方面，不仅表现了马克思对资本主义不真实的平等的否认，而且在结合新时代国情的基础上更具有彻底性和全面性，发展了社会主义先进文化的理念。

另外，对于传统文化方面，我们一贯提倡要注意区分精华和糟粕，要以科学的态度对待中国传统文化，继承其中积极向上的因素，舍弃其中消极落后的因素。这样把唯物论、辩证法、唯物史观融入思维方法的构建之中，坚持对中国传统文化进行创造性转化，将社会主义核心价值观和传统文化结合，把后者赋予时代意义，再利用传统文化来促进经济交往。

因此，提升本国的文化软实力从辩证唯物主义和历史唯物主义方面发展了马克思主义文化观中关于"人本观"、劳动异化的思想。

2. 完善了中国特色社会主义核心价值观

一定的文化以一定的价值观念为核心。所以就软实力发展的根本来说，是一定需要社会主义核心价值观作为支撑的；在此作用过程中，提升文化软实力之于完善中国特色社会主义核心价值观体系，就是实践之于认识，因此文化软实力的提升就会反作用于价值观的培育。文化软实力的积极发展，对维护国家意识形态安全和社会主义核心价值观体系的稳定、社会主义核心价值观的国际传播起到了极大的能动作用。

根据历史来看，社会主义核心价值观既体现了传统历史发展中的民族精神，也反映了基于不同时代境遇和发展状况所形成的时代精神，是二者的统一。文化软实力的提升使中国向世界传达出更鲜明的大国理念和坚持的价值观取向，提出了"中国梦"的奋斗目标，加强了国家、民族和个人之间的联系，有利于增强国人的民族意志和文化认同感，把民族精神和符合当代国情的时代精神结合起来，为社会群众的价值理想和信仰选择指明了方向。

文化对价值观的生命力、凝聚力和感召力有反向能动作用。对于国内而言一般是直接作用于社会全体成员，对于国际而言是以文化对核心价值观的影响作用为平台来进一步实现中国话语权的提升。具体到国家层面上，文化软实力不仅可以增强内在引导力，还扩大了外在的国际传播力，为社会发展提供了精神动力和价值引导。

首先，文化软实力建设的提升巩固了马克思主义在中国的指导地位，有利于进一步整合民族精神，激发人民群众产生并维持积极向上的精神状态。

其次，在国际形势日益复杂的新时代，文化软实力的提升带动了中国特色社会主义实践的发展，可以矫正社会成员的价值诉求和道德规范，在接受世界文化多样性的同时，有利于抵御西方不良思想观念的影响，寻求中国与世界、传统与现代之间的平衡点。换句话说，中国综合国力的提升不仅要依靠经济、军事等硬实力，还需要增强国家和民族层面上的文化自信及其价值彰显，这样才能全面提升国家形象。

结合新时代发展的中国文化软实力，不仅赋予了马克思主义关于文化思想新的认知，也促进了社会主义核心价值观的发展，增强了中国精神和文化的吸引力。这些富有意义的理论建设是带动社会文化进一步发展的助推器。

（二）文化软实力提升的实践价值

1. 发挥社会主义制度优越性的推动力量

在世界文明史中，不同民族和群体的地位和作用是不同的，而导致这种差异的原因在于文化差异。正是由于华夏文明的影响，中国特色社会主义制度具有了更加突出的优势，中华民族文化的自觉性被激发出来，由此而形成旺盛的生命力、强大的凝聚力和永无止境的创造力。

处于不同的历史时期，社会主义制度有的特点是不同的，其优越性在不同的方面得以体现。下面从三个方面来探讨。

第一，从社会主义制度来看，其本身具有优越性。对于先进生产力发展的需求，社会经济能够予以满足，能够促进经济的有序发展，社会主义政治制度所代表的利益群体是劳动者，社会主义文化的发展是以先进文化为方向的。

第二，社会主义制度的优越性已经通过了实践的验证。只有在实践中，社会主义的优越性才能够得到体现。人们生活在现实社会之中，对于社会主义的优越性直观上很难感受得到，从而导致有些人认为资本主义更好。但是，资本主义历经数百年的经济发展和资本沉淀，目前已经形成了一个相对完整的体系，由于资本主义固有的矛盾永续存在，从历史角度看，社会主义作为一种更完整、更科学、更先进的社会形态，终将取代资本主义。

第三，社会主义的持续完善能力体现了其优越性。社会主义制度具有自我改善、持续发展、不断创新的能力，具有旺盛的生命力和自我进化能力，在公有制的基础上，生产力在多种经济形态的作用下得到解放和发展，体现出社会主义制度的包容性；在阶级和两极分化被消除后，实现共同富裕，使社会主义制度的根本性优势体现出来；实现最广泛的人民民主，消除腐败，创造先进文化，这是社会主义制度优越性在文化进步方面的体现。

由于国家文化软实力建设在提高国家国际影响力的同时，还能更广泛地输出我国的文化产品和建设经验，在最广泛的范围内挖掘社会主义制度的潜能、推进社会主义制度的建设进程、发挥社会主义制度的优越性。

2. 构成中华民族伟大复兴的重要部分

文化应对和解决时代问题能力的大小决定了文化生命力的大小，中华优秀传统文化拥有自强不息的动力，显现出了极强的生命力。

当前中国传统文化的创新发展成了文化软实力构建的一个重要组成部分。面临新时代发展问题的变化，把传统文化中关于理想和信念的积淀结合社会主义核心价值观使之与当代社会相适应，有利于开发丰厚的民族传统文化资源，使中华优秀传统文化得到更顺利的传承，用以指导当前社会的价值判断和行为选择，对推动社会进步有重要意义。众所周知，对于当前中国所面临的一些自然和社会问题，如生态环境破坏、腐败问题等，中国传统文化都给予了很多深层次的启示。

例如，在生态发展中要更重视人与自然的和谐统一不能"竭泽而渔"；在社会分配上时刻注意"不患寡而患不均"，满足人们美好生活需要实现共同富裕；在干部治理上"重典治吏"，重视反腐败；在社会发展问题上警惕"水可载舟，亦可覆舟"，更注重以人为本。而在社会个体的问题上，优秀的中国传统文化有利于践行和培育社会主义核心价值观，引导群众确立正确的道德准则和伦理规范。

文化软实力的主要着力点主要是通过弘扬中国传统文化中爱好和平、"和而不同"等理念，发挥其特有的包容性，借助市场力量吸收外来文化，形成一种良性的文化互动。改革开放后尤其是现在提出"命运共同体"的中国，希望通过提升文化软实力扩大中国的影响，使各国人民全面认识和了解中国。

第二章　文化产业的发展历程

在经济全球化和信息化的时代背景下，各个国家、各个民族的文化相互交融，形成文化多元化的局面，文化类型和资源愈加丰富，为文化产业的发展奠定了坚实的基础。随着商品经济发展、文化经济意识的形成以及时代的不断进步，文化产业也随之发展壮大。本章分为世界文化产业的发展之路、国外文化产业的发展经验、中国文化产业的前世今生三部分，主要内容包括世界文化产业的理论流派、世界文化产业发展的特点及趋势等方面。

第一节　世界文化产业的发展之路

一、世界文化产业的理论流派

（一）法兰克福学派的理论

1.“文化工业”的概念

“文化工业”这一概念的出现首先应当追溯到法兰克福学派代表人物本雅明1926年发表的《机械复制时代的艺术作品》。德国学者本雅明在这部著作里首先提出了二十世纪二三十年代出现的一个新的文化现象，就是收音机、留声机、电影的出现带来的文化方面的变化，艺术品不再是一次性存在，而是可批量生产的，这就使艺术品从由少数人垄断性的欣赏中解放出来，给无产阶级文化带来了新的广阔天地。本雅明的观点招来法兰克福学派的另一位代表人物阿多诺的批评，德国学者阿多诺和霍克海默在《启蒙辩证法》一书中，首先使用了“文化工业”一词。开始写作时，阿多诺用的是“大众文化”一词，后来改为“文化工业”。

1963年，阿多诺在《文化工业的再思考》中这样回忆说：“在草稿中，我们用‘大众文化’。我们之所以用‘文化工业’取代‘大众文化’，是为了从一开始就排除与它的鼓吹者相一致的那种解释：这里有点像从大众本身自发地产生的文化问题，即现代大众艺术形式的问题。文化工业必定和后者有别。"

"文化工业"这一概念的正式提出与文化工业现象被大张旗鼓地批判首次出现在霍克海默与阿多诺合著的《启蒙辩证法》中。他们在书中专门写了题为"文化工业：作为大众欺骗的启蒙"的一章来展开对文化工业的批判。在这一章中，他们指出，"文化工业"是凭借现代科学技术手段大规模地复制、传播商品化了的、非创造性的文化产品的娱乐工业体系，其目的是创造消费使用价值，以市场为导向，经济效益是其运作杠杆，文化的工业性并不是指生产过程完全是工业化的，而是指"产品的标准化和分配技巧的理性化"。它首先出现在一些较为发达的工业国家，是制作和传播大众文化的手段和载体，它以独特的大众宣传媒介，如电视、收音机、报纸等，操纵了非自发性的、物化的、虚假的文化，成为束缚意识的工具、独裁主义的帮凶，并以较以前更为巧妙的方法即通过娱乐来欺骗大众、奴役大众，从而显示了启蒙向意识形态的倒退，进入大众欺骗的阶段。

"文化工业"概念具有特殊的内涵。首先，霍克海默和阿多诺使用的"文化工业"概念并非一个中性的概念，而是具有强烈的批判色彩。他们认为，文化工业受满足"大众"需要的商业力量所操纵，以娱乐消遣为目的，丧失了作为艺术的本质的否定与超越精神，艺术技巧依赖于机械技术，丧失了艺术价值。

文化工业已丧失了艺术的超越性，立足于世俗的基础，文化工业的产品、类型、内容和风格日趋单调和雷同。日常生活中的电影、收音机和报纸杂志形成了一个无论在整体上还是在局部上都具有齐一性的系统。"文化工业"是现代科学技术进步的产物，不同于以往任何时期的文化形态。文化工业只承认效益，它破坏了文艺作品的反叛性，造成了艺术形式的终结。文化工业用技术的力量以及标准化、齐一化等作为艺术生产的指导，瓦解了艺术本身所需要的个性特质。

2．"文化工业"的特征

（1）文化商品化

工业生产的文化商品是由它们实现价值的原则所主宰的，而不是由它们自身特殊的内容与和谐的形式所决定的。文化工业的全部实践就在于把赤裸裸的营利动机投放到各种文化形式上，甚至自从这些文化形式一开始作为商品为它们的作者在市场上谋生存的时候起，它们就或多或少已经拥有了这种性质。

文化工业引以为豪的是，它凭借自己的力量把先前笨拙的艺术转换成为消费领域以内的东西，并使其成为一种原则。文化工业抛弃了艺术原来那种粗鲁而又天真的特征，把艺术提升为一种商品类型。

"文化工业"是一种以市场为导向的商品生产体系，这就决定了它的运作规则遵循商品交换的原则。文化已经从人类思想、智慧的结晶物化为一种商品形态，追求价值和利润成为其最终的目标。文化不可避免地带有商品化的特点，文化生产成为商品生产，使文化从垄断性的拥有开始走向世俗、走向大众。

（2）文化技术化

法兰克福学派的学者强调，文化工业的出现是现代科学技术迅猛发展的产物，是文化工业发展的载体。技术进步使原来个体性、原创性、一次性的文化生产标准化、齐一化、模式化、批量化，文化工业的主要产品如电影、电视、无线广播、录像机、唱片、录音机、激光唱片、电脑和多媒体互联网等都是科技进步的产物。尤其是传媒技术、电子技术和信息技术的出现，使文化工业发展拥有了更多的技术支撑和发展空间。法兰克福学派把这样一种严重依赖于技术的文化工业形式称为文化的"技术化"。没有现代科技手段，也就不可能大规模地复制、传播文化产品，也就不可能产生文化工业。

（3）文化标准化和齐一化

文化技术化的直接后果就是文化生产和文化产品的标准化、齐一化。工业的特性就是根据消费者的需要大规模、批量化、标准化地生产产品，以获得经济利益。文化作为工业同样承袭了工业程式化生产的本性，因此具有标准化、齐一化的特征。法兰克福学派对文化工业标准化、齐一化的特征做了批判性的阐述。

霍克海默与阿多诺在《启蒙辩证法》一书中指出，在20世纪的发达工业社会，以技术理性所表现的文化工业通过文化产品"整齐划一"的生产与消费和"不断重复"的灌输，把因循守旧的行为模式当作"自然的令人尊敬的"合理模式强加给个人，从而扼杀了人们的个性、自主性和创造性。

（4）文化的强迫化

文化的强迫化是文化工业异化功能中对于人们思想意识领域形成的一种控制力。文化逐渐演变成一种支配力量，具有强制性，文化越来越屈从于工具理性的需要，以至于完全成为一个"文化工业"，成为即时满足的工具。按照法兰克福学派的观点，当代西方社会的大众传播媒介迅速发展，使文化工业迅速成长为资本主义体系的一个重要组成部分，尤其体现在思想意识领域。文化标准化、模式化、商业化及其单面性、操纵性、强制性等构成了资本主义文化艺术的重要特征，是压抑个体意识、个性、创造性、想象力的工具，也是资本主义维护其统治的意识形态工具。

（二）英国文化学派的理论

与法兰克福文化批判学派有所不同，英国文化学派对文化产业和大众文化的关系表现出积极乐观的拥抱态度，两大学派共同构成现代文化产业发展最重要的两大流派。

文化工业是西方进入工业资本主义社会后的一种新的社会现象。市场作为一只"看不见的手"发挥着重要作用，政治价值减弱，文化教育、审美和娱乐的价值凸显出来，文化获得较之从前大得多的发展空间。英国古典政治经济学之父威廉·配第较早提道："统一的国家、统一的市场，对内对外展开经济活动，新兴的工商市民的基本经济利益就得到巩固；而这个国家要完成这一阶段的任务，就有必要建立起需要巨大经费的政府机关、国防力量和有关的社会文化设施。"

在英国经济学家李嘉图看来，物质享受与精神享受往往是相互伴随的，一个人所能支配的物质财富在很大程度上也反映了他在精神层面的享乐程度。文化产品在这里已经越来越多地被赋予商品消费与生产的属性，并认识到文化产品生产的作用。而且，英国经济学家马歇尔较早提出了"产业区"理论，认为由于产业区能够把性质相同的中小厂商集合起来对生产过程的各个阶段进行专业化分工，因此能够实现规模经济生产，这无疑为文化产业的规模化生产提供了理论武器。

第二次世界大战以后，美国流行文化迅速涌入英国，英国的学者开始重新思考文化工业或大众文化。一些研究当代文化产业发展问题的学者开始涌现，如威廉姆斯、斯图亚特·霍尔等，他们代表了英国文化研究的主流。

值得一提的是，威廉姆斯将传统片面的精英文化研究开创性地转向大众文化研究，将文化生产与文化活动都纳入文化研究的范畴，具有里程碑的价值意义。伯明翰学派认为大众文化虽然是被复制的，但功能却并非单向的，而是经历了一个比较复杂的"编码到解码"的过程，消费者对文化产品的理解和消化，也可能让公众对文化产业的改造产生抗争。因此，大众文化总不可避免地包含着抑制和对抗的双向运动，是被支配阶级与统治阶级进行协商、斗争的领域。而且，大众传媒是一个公共空间，受众不再是消极接受文化商品的客体，而是具有主观能动性的具有一定选择能力的积极主体。

英国文化研究之父霍尔在《电视话语中的编码和解码》一文中提出电视节目的生产过程其实就是一个编码的过程，文化产业的受众在接受各种文化产品的灌输过程中，也可能会对文化密码展开解读，由此带来对文化以及社会的反作用。霍尔认为，电视及其传播内容的制作消费实际上是一个开放式的多功能语义系统，制作是一个编码过程，而消费则是一个解码过程。非常关键的是，解码本身又是一种文化的再生产过程，由此也形成了一个新的文化空间。这也是英国文化学派一向所提倡的那样，人们对文化产品或服务的消费并不是消极意义上的被动接受，而是存在一个对符号意义的反思与再造的过程。

（三）美国文化产业理论

美国文化产业迅猛发展，势不可当，其文化产业理论的建树也可圈可点。美国文化产业理论是对法兰克福学派和英国文化研究学派的继承和创新。

第二次世界大战期间，法兰克福学派的许多成员流亡美国，以阿多诺和霍克海默为代表的文化产业理论家对文化产品工业化的悲观主义批判理论，在美国文化产业极度繁荣的现实语境下，显得有些苍白而缺乏现实的指导意义。批判理论和美国文化产业现状的严重不符导致了法兰克福学派的另一位著名代表人物本雅明及其文化产业理论的诞生，本雅明的文化产业理论得到美国文化产业理论界的一致推崇。

本雅明对由于文化产业的兴起所导致的传统经典文化向大众文化的转变，在文化理论上给予了积极认同。本雅明认为：文化产业的兴起是艺术史上的一次革命。现代科技的发展推动文化艺术载体和传播手段的进步，从而使艺术品的生产进入了"复制时代"。传统文化艺术因大量复制而消失的传统"韵味"，是对原作本真性、唯一性和权威性的消解，在这种过程中一种全新的大众文化诞生了。本雅明的文化产业理论的研究成果对美国的文化产业有现实的指导作用，也深刻地影响了美国文化产业理论的发展。

英国文化学派孵育出来的约翰·费斯克，以其开拓性的文化理论建树被称为美国文化产业理论的"教父"，他在文化产业理论方面的代表性著作《理解大众文化》和《解读大众文化》被奉为美国文化产业领域的"圣经"。正是由于他，美国的文化产业理论的研究才得以在美国许多大学得以开展。他的研究深受威廉姆斯和霍尔的影响，更加关注受众的主体地位，更加关注受众的实践性、能动性和创造性，形成了自己独特的"生产性受众观"。

费斯克明确指出："大众文化是由大众而不是文化工业促成的。"在法兰克福学派学者的眼中，受众是被动的被操纵者。这也是阿多诺和霍克海默用

"文化工业"来取代"大众文化"的一个原因。而在费斯克看来,"文化工业所能做的一切,乃是形形色色的'大众的层理'制造文本'库存'或文化资源,以便大众在生产自身的大众文化的持续过程中,对之加以使用或拒绝"。他也认为,受众能够根据自己的社会经验重新解读文本,生产出自己的文化,"原初的文本是一种文化资源,从中可以生产出无数的新文本"。

在这里,文本像一个"菜单",受众可以选择自己的意义和快乐,受众的从属地位意味着他们不能创造大众文化的资源,但他们确实从那些资源中创造了他们的文化。他认为,受众阅读的方式不仅是一种抵抗性的阅读,即读者利用流行文本的模糊性和多义性生产符合自己立场的意义,以抵制偏好的解读。对费斯克来说,仅仅是抵抗性阅读还是不够的,只有把这种阅读提升为一种"快感",阅听人才可能摆脱文化工业,成为流行文化生产和消费的主角。

费斯克还提出"两种经济",即"金融经济"和"文化经济"的概念,认为大众文化在金融经济和文化经济两个领域中流动。费斯克以电视的产业化生产为例,阐述了他的两种经济理论。在金融经济中,电视节目是一种诱饵,引导观众收看节目,而电视台将正在收看节目的观众作为"商品"卖给电视广告商;在文化经济中,电视观众对播出的电视节目进行自己能接受的独特解码,对电视节目提供的文化资源进行再生产,创造出能使自己愉悦的意义,也由此创造出"大众文化"。

美国社会学研究者赫伯特·甘斯在其代表作《大众文化和高级文化》中提出了"品位文化"的概念,确定了其在美国文化产业理论界的标志性地位。甘斯认为,文化没有高低贵贱之分,只有品位的不同。精英文化的品位主要取决于生产者在创作过程中的审美观和灵感,而大众文化、品位文化的形成主要取决于其消费者,是受众在消费的过程中获得的意义与快感。品位文化的形成与受众的社会阶层、生活环境、家庭收入、教育程度等密切相关,由此产生了不同的文化受众群。文化是平等的,任何人都有权利选择他自己喜欢的文化,文化批评不应厚此薄彼。

弗雷德里克·詹姆逊是"后现代主义"概念的创立者,也是美国著名的文化理论批评家。詹姆逊把后工业社会的大众文化特点概括为五种差异的消失:内部和外部差异的消失、本质和形象差异的消失、无意识和显意识差异的消失、真实性和非真实性差异的消失、能指和所指差异的消失。

于是,大众文化呈现出一种"平面化"和"无深度化"现象。但是,詹姆逊并不因此而全盘否定大众文化,他认为,应该辩证地看待大众文化的消极面和积极面，给予全面公正的评价。詹姆逊指出，经济的全球化必然导致文化的全球化，明确指出了文化全球化的负面效应，即文化全球化对地域文化的消解。

然而，美国文化产业理论也因其弱化了文化产业理论自法兰克福学派以来的批判精神而受到理论学术界的批评。

二、世界文化产业发展的特点及趋势

（一）世界文化产业发展的特点

1. 经济增长的新驱动轮

在许多发达国家，文化产业不仅是国家文化的基本形态之一，而且越来越成为强大的经济实体，创造出了可观的经济效益，成为经济发展的引擎。今天的文化已实实在在地成为社会生产力的重要组成部分，并成为一国综合国力最直观、最具体的反映。美国的电影业和传媒业、日本的动漫产业、韩国的网络游戏业、德国的出版业、英国的音乐产业等都成为国际文化产业的标志性品牌。正如美国学者沃尔夫所言，"文化、娱乐——而不是那些看上去更实在的汽车制造、钢铁、金融服务业——正在迅速成为新的全球经济增长的驱动轮"。

2. 发展国家战略产业

正如相关专家指出的，文化产业同高科技产业一样，是迄今为止世界上最有前景的两个巨大产业之一。与传统产业相比，文化产业以创意为利润核心，消耗低、回报高，并且具有经济波及效应大、对外输出无摩擦、有助于展示国家形象等优点。

欧盟对待文化产业采取国家干预主义原则，主要办法是扶持弱小媒体，使之具有与实力雄厚的文化企业同等发言的机会，避免过度集中和垄断，同时，注重扶持和资助文化产业，鼓励那些优秀的、具有创造性的文化艺术门类。日本于1995年确立了21世纪的文化立国方略，2001年制定了知识产权立国战略，2003年又出台了观光立国战略。

值得注意的是，在世界范围的产业结构调整和经济全球化浪潮中，发达国家依仗自身雄厚的经济实力，通过掌握文化产业的话语权和规则制定权，逐步推动全球文化产业向垄断化、规模化和高投入、高科技化发展，从而更加巩固了发达国家在文化产业的垄断地位。

美国在线—时代华纳、迪士尼、贝塔斯曼、新闻集团、索尼等九大巨头在世界文化产业格局中占据重要位置。

面对发达国家咄咄逼人的文化攻势和意识渗透，世界各国开始意识到抢占文化产业制高点的深远意义。法国公开提出"文化例外"，反对全面开放国内文化产业，掀起了捍卫法兰西民族文化的保卫战。

韩国在 20 世纪末遭遇金融危机后，提出了"文化立国"的救国方针并制定了文化产业发展的五年计划和远景规划，全国上下齐心协力，随后，《我的野蛮女友》《大长今》等韩剧开始横扫东亚各国。

随着各国积极推行面向全球的文化产业发展理念，世界文化市场可谓四分天下：美国占有大部分市场份额，欧洲随后，亚洲、南太平洋国家次之，其他国家占有剩余的份额。

3. 文化产业内容数字化

发达国家的文化产业发展已经日臻成熟，文化产业的内涵和外延也得到了不断的扩展。从传统的文化产业，如广播、电视、出版、视觉艺术等，发展到今天涵盖了最新内容的数字文化产业，如互联网和相关的高科技产业。

随着新科技浪潮席卷全球，自动化、数字化、网络化等高新技术已经成为当前文化产业发展的基本走向，其中最主要的就是互联网的发展以及与广电技术的融合。这种融合使技术操作更加简便，提供的服务更加全面，也使不同行业、不同媒体间的业务可以进行合作与新的开发，给传媒的发展提供了更为广阔的空间。

另外，文化产业中的数字化内容产业近些年尤为引人注目，它涉及移动内容、互联网服务、游戏、动画、影音、数字出版和数字化教育培训等多个领域。逐渐走热的微信、网络游戏和音乐下载甚至 QQ 等都属于这种新兴的数字化内容产业。日前，数字化内容产业正以强有力的发展支持了新经济的复苏。全球文化产业方兴未艾的发展势头向人们展示了一幅极具成长性的前景画卷。

（二）世界文化产业发展趋势

作为一种人类发展进程，"经济全球化"是指在市场经济和科技进步的双轮驱动下，不同国家和地区之间相互渗透、相互依存的程度不断加强，最终使人类活动突破区域限制，世界成为一个统一的发展整体。面对"经济全球化"这一不可逆转的世界潮流，不管是发达国家还是发展中国家，都自觉或不自觉地融入其中。一定的文化是与一定的经济发展水平相联系的，"经济全球化"必然会给各国文化带来深刻的影响。

"经济全球化"对当今世界经济社会发展的影响是全方位的。在"经济全球化"背景下，世界文化产业的发展呈现出三个新趋势：一是文化产业已成为一些发达国家国民经济与社会发展的支柱产业；二是跨国文化产业集团将成为影响国际文化市场构成的重要力量；三是文化产业的数字化、网络化趋势正在给文化产业的存在形态和发展趋势带来革命性变化。

1. 文化产业发展高科技化

文化产业被人称为"无烟工业"的一个重要原因就是它不同于一般的传统产业，具有能耗少、产品附加值高、生产工艺先进、效益明显的特征。数字技术具有高精确度和扩增与压缩性能，传统的模拟技术无法与之相比，极大地提高了信息传输能力。如数字化视听技术的出现使声音、图像能够压缩、录制，并实现"实时性"传播，这就从根本上改变了传统音像业单纯的"离线"性质，使"离线"和"在线"的音像多种传播成为现实。在数字化视听技术的基础上，音像制品的批量录制和反复播放变得越来越容易和廉价。随着电视频道的增加，尤其是网络的出现和宽带网的增加，网络空间中的信息传播也变得极为廉价和方便。采用先进的科技手段，一项重大的文化科技成果能够迅速产业化，并形成规模效益。高新技术带来的生产手段的高级化是文化产业崛起的驱动力。

文化产业的数字化、网络化趋势正在给文化产业的存在形态和发展趋势带来革命性变化。文化产业是知识密集、信息密集、技术密集的领域，各种先进的高科技正与文化整合成高新文化产业形态，数字化、网络化已成为必然的发展趋势，许多发达国家都借此壮大自己的文化产业。

20 世纪 90 年代，各种形式的数据向数字传送转换的步伐明显加快。经济实力因电子、通信、传媒业的革新而回升的美国，如今更是大力推动信息产业发展，于 1997 年制定了实现数字电视的时间表，在 WTO 中不断倡导"文化产品"的贸易自由化。

为了适应全球经济一体化的竞争，谋求向数字化和卫星化的突破，1998年，日本富士产经集团提出了"彻底数字化"口号，启动了数字化通信卫星广播，1999 年又启动了新的卫星数字广播站，开通了新的传播网络途径。它还以"国际巨型媒体"作为目标，积极谋求和澳大利亚传媒业巨子鲁伯特·默多克的新闻集团一起组建一个巨大的数字卫星广播公司，向数字化国际媒体集团迈进。富士产经集团参股的日本广播公司每天用 2 个卫星广播系统和 5 个卫星广播站、22 种语言向全世界广播，年预算高达 50 亿美元。

名列世界 500 强的索尼公司同飞利浦公司和先锋公司结成数字视盘专利联盟，竭力抢占数字视盘产业的上游技术，再扩大推广，然后向从事数字视盘生产的其他公司收取专利费。1999 年，加拿大集中了一批优秀的未来学家和技术专家，制定了《未来计划蓝本》，明确提出加拿大要在 21 世纪的文化竞争中抢占数字化技术的 12 个制高点。

在发达国家，先进的计算机已用于生产数字虚拟道具和虚拟演员，复杂的数字设备用于生产电视节目或歌星的个人光碟。直接广播卫星和 DVD 技术将对娱乐业产生巨大影响。宝莱坞的两位印度实业家和一位电影开发商利用卫星技术，开辟了 24 小时的数字频道，向世界各地播放宝莱坞的影片超 1000 部，覆盖世界 100 多个国家。

2010 年，导演詹姆斯·卡梅隆花费 14 年精心打造的史诗巨作《阿凡达》上映，被称作电影界的技术革命，其运用的开创性的数字 3D 立体电影技术代表了当时数字电影制作技术的最尖端水平。在《阿凡达》之前，从来不曾看到，也无法想象得到，原来电脑动画能够达到如此恐怖的精细度和表现力。在《阿凡达》中，一向被视为技术难点的表情捕捉与对水、毛发以及色彩的表现，都得到了破解。可以说，《阿凡达》向我们展示了数字技术对于电影革命性的影响。

事实表明，数字化将使影视艺术突破实景拍摄的局限，走向更加广阔的表现领域。数字化时代的电视技术最大的特点就是可以虚拟。目前较成熟的虚拟技术是虚拟演播室、虚拟主持人。虚拟技术的诞生，使影视艺术的纪实性特征受到挑战，也使电视节目的创新更加轻而易举。通过电脑做几个虚拟演播室，经常变换，就可以给人有几个演播室的感觉。同时，虚拟演播室的制作只需要人们的想象力，而不需要太多的人力、物力、财力等，这也降低了电视节目的制作成本。

当影视节目逐渐融入网络电视，电视与计算机合为一体，传统的电影、电视节目的形式和长度都会发生变化，电影、电视节目制作发行的费用也会大幅度降低。随着电影播放方式的变化，电影可以直接由卫星数字传输到用户终端，不用再为把电影发行到电影院而复制许多拷贝件，节约了大量的人力、物力。

此外，制片厂可以创造出自己拥有的超真实数字电影明星。在电视屏幕上，这些"虚拟明星"看上去和真人毫无二致，这样，制片厂就可以省去现在付给大牌明星们的天文数字般的巨额片酬。

互联网为每一个人提供了以最低成本向全世界发布信息的机会。通信和制作技术的发展降低了影视市场资金方面的准入门槛，为世界各国文化产业走向国际舞台提供了条件。事实表明，文化产业正在与信息产业形成互动，文化为网络充实了内容，网络为文化穿越国际疆界提供了载体。

2. 文化产业发展集团化和规模化

与经济全球化相适应，当今国际文化产业发展的一个显著特征是打破地域和行业分割，突破部门界限，通过产权流动和重组，实现文化结构的战略性重组，以及文化资源的国际化配置，形成了一批跨国文化产业集团。

20世纪90年代以来，发达国家文化产业的规模化趋势日益明显，购买、兼并、联合已成为新的时代潮流。1994年，拥有570亿美元资产的迪士尼公司，以190亿美元收购美国广播公司（ABC），创下了广播影视产业集团兼并的最高纪录。1997年，迪士尼公司营业额近225亿美元，产业规模及盈利稳入世界企业五十强中的前十强。

一些大型跨国集团还把新兴的信息网络技术与传统的影视制作、娱乐、体育、旅游等产业结合，实行文化资源的高效组合并开创了一些新兴产业。在扩大规模的过程中，实现管理模式、资金使用、技术开发与市场开拓的重组。不同产业部门间企业的共同经营，将自身扩展为业内的"航空母舰"，可以有效地实现各种优势的互补，减少对现有业务的单向依赖和企业利润率的波动，降低经营风险，从而提高整体经济效益。2000年，拥有派拉蒙影业公司和一家音乐电视台的维亚通信公司，以344.5亿美元的股票价格收购哥伦比亚广播公司（CBS），组建传媒和娱乐公司，从而拥有电视网络、有线电视频道、电影制片厂，维亚公司将本身在电影方面的优势与CBS在电视方面的优势结合起来，成为美国的传媒大亨。

2000年6月，欧洲最大的传媒集团成立。英国皮尔森有限公司与卢森广播电视合并，两者的总市值超过200亿美元。皮尔森公司的强项是报纸，旗下有《金融时报》《国际金融》《经济回声报》以及西班牙语、葡萄牙语报纸。卢森集团长于电视新闻报道与电视剧制作，有22个电视频道和18个广播频道。合并后的新传媒集团制定出扩张战略，在五年内增加投资20%～30%，增加利润15%～20%，在美国及欧洲以外的市场都有一席之地。

3. 文化产业发展跨国化

"经济全球化"是市场经济高度发展的必然结果。市场竞争和市场逐利行为打破了国家和地域限制，把世界各国的国民经济日益连接为一个整体的全球经济体，营造了一个"无疆界的市场"。全球资本的广泛自由流动，几乎脱离世界上任何国家政府的管制，国家对资本市场的控制力日益减弱；跨国公司的跨地区、跨国度的大规模活动日益增多；世界性的经济结构和产业结构调整带动了国际分工新体系的重组，生产国际化、技术国际化、信息国际化、投资国际化、金融国际化、贸易国际化、销售国际化、消费国际化的趋势不可阻挡。

在"经济全球化"竞争中，跨国文化产业集团既能根据国际市场的变化迅速调整结构，开发出新产品，又能在国际范围内对各种资源和经营能力实现优化组合。这些到处安家落户的跨国文化产业集团制造出一种新的世界文化，这是当今一些跨国文化产业集团具有强大综合竞争优势的根本原因所在。经济的全球化和文化的产业化加剧了文化交流的不平等。全球经济一体化的市场不可能对弱势经济和强势经济产生对等的收益，世界上存在着一些强势的经济集团和文化产业集团，它们造成了并维持着各国国内和各国之间不平等的发展。

20 世纪 90 年代，全球经历了一场史无前例的媒体巨头之间的合并、收购浪潮。迪士尼买下 ABC，西屋电气买下 CBS，时代华纳收购美国有线电视新闻网（CNN），这就使得广播、影视、报纸、杂志、音像制品的所有权归为一个综合性媒体巨人，出现了全球性的"巨无霸"传媒公司。当前，全球媒体市场是以组团形式出现的。

第一组团由十来个规模庞大、纵向一体化的媒体集团构成，全部拥有全球分配网，分别是美国在线—时代华纳、迪士尼、贝塔斯曼、维亚康姆、新闻集团等。

全球最大的媒体公司——时代华纳 1989 年由时代集团和华纳通信集团合并而成，它在全世界拥有 4200 多家子公司，是世界上最大的电影院拥有商之一，在美国以外拥有大约 1000 家电影院。2000 年 1 月，时代华纳公司又与世界上最大的网络服务公司——美国在线公司宣布合并，以建立一个强大的，具有综合性的因特网、大众传媒及文化娱乐优势的"巨型航空母舰式文化产业集团"——美国在线—时代华纳集团公司。它所涉及的金额高达 3500 亿美元，同时控制着美国在线公司、时代公司、CNN、华纳兄弟公司、美国计算机服务公司、《人物》杂志、《财富》杂志、《娱乐周刊》和网景公司等在世界上有巨大影响的文化企业。

一直在娱乐和动画两方面实力雄厚的迪士尼，在全球市场开拓上运作顺利。20 世纪 90 年代初期，迪士尼将其发展重心从它的主题乐园及旅游业转到了电影及电视方面。

贝塔斯曼建立在全球图书及音乐俱乐部的基础上，31% 的收入来自音乐及电视，33% 来自图书出版，20% 来自杂志及报纸，其余收入来自一家全球印刷企业。

维亚康姆规模虽然较小，但它拥有两件主要武器——廉价电影节目和音乐电视。总裁雷石东的战略是要使维亚康姆成为全世界"第一家掌握生产软件驱动设备发展的公司"。

拥有世界各地 109 家日报、双周刊和 15 家周报的新闻集团（其中英国 40% 的报纸被其控股），其志向却是"拥有各类新闻、体育、电影以及儿童表演节目，并通过通信卫星或电视台播送到美国、欧洲、亚洲和南美洲的千家万户"。

美国电信公司在媒体行业中的独特地位已使其成为全球媒体中的一个中心角色，并对其他媒体巨头产生直接影响。公司的根基是作为美国有线新闻网的主要供货商，它居于支配地位。

第一组团的其他四家公司包括宝丽金（飞利浦所有）、全球广播公司（通用电器所有）、环宇（Seagram 所有）和索尼。

第二组团由大约 36 家规模相当大的媒体公司组成，它们的年销售额一般为 20 亿～ 100 亿美元。第二组团公司倾向于与一家或多家第一组团公司巨头、第二组团公司签订工作协议或者创办合资企业。媒体巨头也有可能同其他营销和零售组织结成独家战略联盟，以便捆绑销售。

跨国公司组建大企业集团的目的远非企业资产和人员的集中归并，或者是同行业内部单位数的简单相加，更重要的是实现技术、市场、人才、经营理念和品牌等综合优势的互补，增强企业的整体竞争力。1996 年，迪士尼与麦当劳签订了一份长达 10 年的协议，只允许这家快餐连锁店在全球各店内销售其产品。迪士尼可以利用麦当劳 18 700 个分店提高其全球销售量，而麦当劳也可以利用迪士尼支持自己。一些跨国集团还把新兴的信息网络优势与传统的影视制作、旅游娱乐等专业优势结合起来，实行文化资源的高效组合，打造传媒业的新经济神话。

第二节　国外文化产业的发展经验

一、国外文化产业发展的经验

美国、德国、日本、韩国等发达国家对文化产业的关注和开发较早，现已获得了极大的发展，在国际上拥有极大的影响力。在国际电影市场票房中，美国好莱坞的电影毫无疑问独占鳌头；在动漫卡通行业，日本则占据着绝对的领先对位。这些国家无论是在原创能力上还是在改造能力上，都具有极大的资源优势。所以,我国要发展文化产业,应当积极借鉴国外文化产业的发展经验,取其精华,为自身文化产业的健康持续发展打下坚实的基础,少走弯路。一般来说,国外的文化产业发展主要有以下经验可供借鉴。

(一) 打造特色产业集群

一个国家内部各个城市和地区的文化发展水平各不相同,它们所拥有的优势资源与特色资源也各有千秋,在文化产业的确立和开发方面,应当与城市的功能定位和发展方向紧密关联。文化产业在发展的整个过程中,都应当以当地优势资源和特色资源为依托,打造创意集群。例如,英国伦敦具有显著的文化产业发展的区位优势,它是英国的政治中心、经济中心和文化中心,是英国与世界各地相关联的核心枢纽,是各种新创意、新理念、新思潮到达英国的第一站,可以为人们了解国际文化产业发展的最新动态和先进经验提供有利条件。

另外,伦敦地区高等院校和科研所众多,教育与科技资源极其丰富,科研质量与科研水平较高,创意人才资源丰富,人口素质较高,拥有发展文化产业的坚实基础。我国可以借鉴伦敦的发展经验,从相似的城市入手,努力打造符合中国国情和时代特点的文化产业。例如,北京是我国的政治中心和文化中心,也是经济最为发达的地区之一,享有文化名城、国际之都的美誉,大型企业林立,是诸多年轻人梦想开始的地方。在这里发展文化产业,应当根据自身经济条件和社会发展情况对产业结构进行调整,着重发展文化传媒、出版发行、广播电视、影视娱乐、文化演出、动漫卡通、广告会展、古玩艺术、设计创意、文化旅游等产业,因为在这些领域,北京具有天然的地域优势和资源优势,可以以相对较快的速度实现不同产业的有序集聚和共生共存。

与北京的发展类似,上海作为中国的经济之都,在国际上享有"东方魔都"的盛誉,魅力非凡,文化产业也有其优越的发展环境,具体如下。

第一,上海位于广阔的长三角腹地,可以借助江、浙两省的文化产业,形成强劲的联动机制,这三个地区的创意企业可以各取所长,展开多层次、多渠道的合作,拓展文化产业的市场空间,延伸文化的产业链,形成协作共赢的局面。

第二,创新型城市的氛围浓郁,拥有大量创新型企业和创新型人才。

第三,环境资源良好,上海及其周边长三角地区作为中国最重要的制造业基地之一,具备得天独厚的发展优势,在功能上能够与其他城市相适应、相补充。可以集中发展先进制造业和现代服务业,包括工业设计、服装设计、美术设计、广告设计、软件设计等;大力发展建筑创意设计产业,如市场研究、专业咨询、会展策划等；努力开拓与文化相关的创意设计产业，如媒体策划、艺术创作、影视制作、动漫设计等，还有与消费相关的创意设计，如时尚消费设计、休闲旅游设计、婚庆设计等。

第四，上海拥有"国际经济中心、国际金融中心、国际贸易中心、国际航运中心、国际创意中心"的功能定位，其发展与所在环境和实地基础相适应，创意设计是其重点发展领域，逐步形成了以咨询策划集群、创意设计集群等为代表的集群态势。

（二）拓宽投资与融资渠道

纵观当今发达国家文化产业的发展道路，可以看到包括美国、日本、韩国等国家的投资与融资方式正在呈现日益多元化的趋势，既有政府资金投入，也有民间资本投入、上市融资投入、银行贷款投入等，实现了投资主体和资金来源的多元化，彻底避免了"把所有鸡蛋都放在一个篮子里"的尴尬，为文化产业的发展提供了更加有效的资金保障。我们可以借鉴这种多渠道融资的方法，依据文化产业的市场规律建立健全相关的政策法规，打造各类发展基金，搭建文化产业平台，建立一个成本低、信息灵、效率高的投融资政策机制。

当前北京、上海、南京、杭州等地已经成立了文化产业专项发展基金，用于重点项目的资金支持，当然也鼓励相关企业进行银行贷款、民间融资等，并对采取这类形式的企业给予一定的奖励和补贴。另外，还应当充分发挥商业银行信贷资金对文化产业发展的重要作用。可以考虑建立政府、银行、企业的联席会议制度，在政府的监督和管控下，由企业向银行积极且定期推介重点项目。通过贴息引导机制和市场化的项目贷款担保机制，引导银行加大对文化产业集群内企业的投入。此外，政府和相关机构还应当鼓励文化企业运用资本运作的方式筹集发展资金，通过双方自愿的原则，鼓励集群内部企业通过引进战略投资者、吸纳社会资本等形式，推进企业股权的多元化。

（三）制定合理的人才政策

发展文化产业的核心在于人才。当今世界，以美国、日本等为代表的文化产业大国无一不在人才的培养和引进方面制定了成效显著的政策，对文化产业的推动发挥了重要作用。目前，中国的文化产业领域存在人才不足问题，应当借鉴国外的先进经验，制定可行性强、成果显著的人才培养和引进机制。

1. 建立健全人才培养机制

相关部门应当加强对人才的培养和管理，充分发挥高等院校的阵地作用，重视对技术人才和经营管理类人才的培养，注意产学研三方面的无缝衔接，打破学科壁垒，培养适应竞争的复合型"通用人才"。要加强国内外专家和人才的交流合作，加强文化产业海内外顶尖学校和研究机构的交流与合作，培养具有中国特色的高层次的文化产业设计、策划和经营人才，把设计、媒体、艺术、经营等融入各个阶段的教育中，培养出更多、更好的文化产业人才。

2. 制定切实可行的人才引进政策

受当前教育体制机制的影响，人才的培养不可能在一两天之内就能实现，然而，文化产业发展的脚步不能停止，所以，我们要加强对创意人才的引进，在培养我国自己的文化产业人才的同时，借助国际社会的力量，与国际文化产业人才交流合作，推动国内文化产业的发展。与发达国家相比，我国对于文化产业专业人才的重视程度明显不足，我们必须转变态度，制定切实可行的人才引进政策，在引进优秀人才的同时能够留住人才。

（四）形成恰当的发展模式

由于历史、环境等背景的不同，各个国家的文化产业具有不同的发展模式。事实上，当代文化产业发达的国家已经形成了多种成功有效的文化产业发展模式，这些模式又反过来推动了当地文化产业的繁荣。

成功的文化产业发展模式有利于发挥本国的比较优势。当代文化产业是在国际化的背景下推进的，面对国外市场和新的国际分工，文化产业成为新的国际经济竞争领域，各个国家都面临如何寻找产业立足点、抢占市场先机、加快本国文化产业发展的问题。由于各个国家的资本、人力、自然资源、产业组织等差异，各国在发展文化产业时，需要从自己的国情出发，扬长避短，发挥比较优势，寻找适合本国国情的文化产业结构模式。

例如，日本的电子游戏业已成为日本新兴的支柱产业。日本电子游戏业兴盛的主要原因是充分利用了本国的电子信息技术优势，索尼、松下、东芝等日本电子产业巨头纷纷加入电子游戏产业，把技术研发和电子游戏结合起来，共同促成了日本电子游戏产业的飞速发展。

成功的文化产业模式有利于形成规模效应。文化产业规模化的形成是文化产业发展到一定程度的标志，必然促成文化产业向规模化、集群化的方向发展，形成产业集聚效应。这既是市场竞争的必然趋势，也是文化产业发展的客观要求。文化产业的规模化有利于文化产业要素的优化，从而实现不同产业组织间的资源共享，降低生产成本，提高产业竞争力。例如，美国电影公司大部分集中在洛杉矶市的好莱坞地区，好莱坞电影已成为一种工业化、商业化影片生产模式的代名词。现在，美国影视业基本上被迪士尼、索尼、米高梅、派拉蒙、20世纪福克斯、环球等几家大公司垄断。

（五）注重采取市场化策略

市场经济体制对文化产业具有推动作用，这种作用主要表现在如下方面：

1. 市场经济有利于开拓文化市场

在市场经济体制下，各个文化市场主体都要遵循市场经济规律，为追求利润最大化必然要不断寻求新的市场，培育新的经济增长点。这就必然要打破各地区、各国间的市场界限，把各民族、各国家都纳入共同的市场之中，从而为文化产业的发展提供广阔的市场以及大批潜在的消费者。

2. 市场经济刺激创新

文化产业又被称为创意产业，这突出了它的创新性特点，也显示了它的社会心理学基础。在市场经济环境下，工作的竞争和生活的快节奏使人们面临较大的精神压力，心理世界也变得复杂多变，不断产生各种精神性的文化需求。

世界上许多国家的文化产业都不局限于本国市场，而是把世界市场视为发展本国文化产业的广阔田野。像韩国网络游戏就是依托国外市场迅速发展起来的。文化企业要满足大众文化消费者的精神心理需要，就必须在内容上不断创新，从而赢得文化消费者，赢得市场。而市场经济是竞争的经济，激烈的市场竞争迫使文化企业不断创新，这样才能适应变化多端的市场需要，生产出满足消费者多样化需要的文化产品。

除了文化产品的内容外，在企业运行、社会资源的开发以及投融资体制等方面，市场经济体制都在促进文化企业不断创新，优化各生产要素，降低生产成本，提高企业的竞争力。所以说，市场经济体制顺应了文化产业的创新性特点，也为文化产业的创新提供了强大的外部推动力。

（六）加强知识产权的保护

国外发达国家对于知识产权的法律保护极为健全，这也是在欧美发达国家创新产品源源不断，盗版、翻版几乎没有的原因。在法律政策的保护下，很多文化企业都乐于去研究新的领域、开拓新的产品，做第一个"吃螃蟹的人"，所以他们的文化产业发展也较为健全。

在中国，对于文化专利产品的保护是近年来的事情，市场上盗版产品曾经屡禁不止，对原创企业造成了极大损害。近年来，我国对知识产权的保护越来越重视，陆续出版了与知识产权保护相关的各类法规政策，比如，《中华人民共和国专利法》《中华人民共和国商标法》《中华人民共和国著作权法》等，这些法律文件和其他与版权和知识产权相关的法律文件，包括《计算机软件保护条例》《关于计算机预装正版操作系统软件有关问题的通知》等，共同构成了我国文化产业知识产权的法律保护体系。

不过，与发达国家的法律体系相比，我国文化产业的知识产权保护还存在这样或那样的问题。比如：法律法规不系统，内容相对滞后，具体措施无法适应文化产业保护的特殊需求；知识产权管理部门效率低，诉讼程序烦琐，导致知识产权保护法律成本过高等，挫伤了创意个体的原创动力，在相当程度上阻碍了文化产业的健康发展。所以，加强以知识产权保护为主体的法律建设，建立健全与文化产业相关的各项制度与政策，是营造文化产业良好发展环境的关键，必须予以高度重视。

二、国外文化产业的发展经验对我国的启示

我们从世界文化产业的发展规律和文化创意产业集群的发展趋势可以得到启示，为中国文化产业的发展提供有效的参考和有益的借鉴。但是，在实践过程中，我们必须灵活运用这些规律和经验，因地制宜，做大、做强我国自己的文化产业。任何行业的发展都要遵循一定的规律，文化产业也有它自己的发展规律。所有文化产业大国的文化产业发展历程都说明，文化产业的很多内部规律是相通的。作为一个发展中国家，我国正在向这个朝阳产业迈进。我们必须学习和恪守这些规律，保证我国文化产业又好又快地发展。

参考发达国家发展文化产业的经验，我们必须做到以下几点：

首先，我们要勇于摒弃旧观念，尊重社会的价值取向，鼓励新生事物的产生和发展。在文化产业的发展过程中，有些人思想僵化，把文化的发展局限于意识形态领域内，只注重文化的宣传功能，而忽视了文化的产业属性和娱乐属性。有些人甚至根本不理解文化的双重属性，自然也就认识不到文化产业可以成为国民经济的崭新增长点，乃至成为国民经济的支柱产业。有些人一提到文化产业就认为这是一种只有投入、没有产出的项目，是一种依靠政府资金投入的项目；有些人不明白公共文化和商业文化的差异，认为所有文化形态都是纯公益性的，都要靠政府的单一投资。这些现象的产生都源于错误的、陈旧观念。

在新时期，我们要敢于突破旧观念，继续发展生产力，深化体制改革，正确理解文化的双重属性和双重功能，使经济和文化可以相互促进、相互整合、集成开发。我们要坚决从旧的观念中解放出来，坚决破除各种关于文化产业的错误观念，为文化事业和文化产业的发展创造更加有利的社会环境。

其次，我们要严格遵循市场经济的运作规律，保证文化产业的发展与社会经济的发展相适应。马克思指出：科学、艺术等，都不过是生产的一些特殊形式，并且受生产的普遍规律的支配。文化产业是对文化产品和文化服务的生产与消费，所有文化产品只要投放到市场上，就会成为一种商品。文化产业的发展也必须遵循商品生产的普遍规律，即生产、分配、交换、消费这四个步骤，必须接受文化资源配置、文化市场供给与需求以及投资与回报等一系列市场杠杆的调节。也就是说，文化产业的生产要遵循价值规律，接受价值规律的调节。

新中国成立以来，我国的文化产业走的是一条依靠政府财政拨款、行政指令性管理、按计划生产和服务的道路，它只适用于计划经济时代，如今我们处于社会主义市场经济时代，那种发展模式必然与经济社会的发展不相适应，也违背了市场经济的运行规律，必然无法取得良好的效果。

市场化经营是文化产业的一个运作规则，我们必须遵循市场经济的规则，人为地违反这个行业的规则终将导致失败。同时，我们也要适应社会和经济的发展状况。事实证明，社会生产力越高，经济越发达，人们的闲暇时间越多，文化产业的消费需求越大、消费能力越强。改革开放以前，我国的社会生产力低，文化市场也就不繁荣、不景气。

改革开放以后，随着我国经济的快速发展，人们的生活已经向小康社会迈进，文化消费日趋繁荣，文化产品的生产与消费仍有巨大的拓展空间。发展文化产业，要抓住机遇，快速生产出符合当前国民经济发展需要的健康向上的文化产品，满足广大人民群众日益增长的精神文化需求。

最后，我们应当立足于传统文化，面向世界，面向未来。中国作为世界文明古国，拥有五千多年的灿烂历史文化，中国的传统文化是中华儿女的祖先为子孙后代留下的珍贵礼物，我们不仅要好好把握，更要懂得积极发展和传承。

具有中国特色的文化产业不仅要立足于中国自身的传统文化，也要具备国际战略眼光，以国际文化视野进行文化输出。我们应当秉承改革开放的基本精神，积极参与国际化竞争，弘扬民族文化，在文化产业的发展过程中积极应对各种文化冲突，努力寻求共同点，实现多元文化的和谐发展，以文化发展促进国民经济和社会发展。

许多发达国家将文化产业上升到国家发展的战略高度。我国作为文化大国，应当树立"文化强国"理念，鼓励先进文化走出去，把优秀传统文化发扬光大，提升我国在国际上的文化地位，促进经济、文化、社会的协调一致发展。

第三节　中国文化产业的前世今生

一、早期孕育阶段（1923 年以前）

（一）文化生产与产品的出现

中国古代，由于自然经济居于统治地位，文化生产与创作很少带有经济意识。随着商品经济的发展，以造纸术和印刷术为代表的文化生产工艺、工具和手段得到改进及广泛应用，使文化产品的规模化生产成为可能，文化生产力获得了极大发展。文化产品走出了为少数人消费而生产的历史局限，使文化产品超越时空的交换、流通成为现实，并最终为文化生产手段现代化和文化产品生产社会化创造了条件。此外，那些古老的卖唱、卖艺和私塾教育也算是文化产业的早期形式。

（二）中国古代文化市场的出现

商品经济出现以后，民俗文艺等文化产品和服务开始被当作商品进行交换，广义的文化市场就出现了。典型的文化市场包括书籍市场、文艺市场，如西汉末年的书肆、槐市。当时太学的各位书生喜欢在每月初一、十五两次在槐树下聚会，交换书籍和乐器。魏晋南北朝产生了绘画、书法和雕刻的文化艺术市场。

此外，孕育文化市场的地方还包括古董市场——北京琉璃厂、秦淮河夫子庙等。伴随市场产生的还有专门以抄书为业的"佣书人"；文化、艺术的经营人才，西周称为"质人"，西汉称为"驵侩"，唐朝以后则称为"牙人"。近代还出现了"买办""掮客"等不同称谓。

（三）报业等文化行业的形成与发展

鸦片战争以后，中国的大门被打开，大量的传教士、外资企业入驻上海、广东等地，为了更好地传教及发展商品经济，传教士、商人等在中国开始创办近现代报纸。以《察世俗每月统记传》《上海新报》《申报》等为代表的报纸因刊登广告、商业信息而具有产业特点。

百日维新前后，中国报业进入第一次办报高潮，报刊数量增多，办报地区扩大，报刊品种增多。

1906年9月，清政府宣布预备立宪，形成了中国报业第二次办报高潮，办报地区和读者面继续扩大。

此外，以商务印书馆、中华书局、文明书局、中国图书有限公司等为代表的图书出版业，以戏曲和话剧为代表的戏剧演艺业，以古玩字画和金石陶瓷为代表的文物古玩业，以上海书画善会、蜜蜂画社、中国书画会等为代表的书画业等多种文化行业逐渐形成，这就使中国的文化产业进入萌芽阶段。

二、萌芽阶段（1923年—1949年）

（一）广播技术的使用促进广播业的发展

1923年，美国人奥斯邦利用从美国带来的广播技术，在上海建立了第一座广播电台。

1926年10月，哈尔滨无线电台台长刘瀚建立了中国人自办的第一座广播电台——哈尔滨广播无线电台。

1929年，国民政府颁布《电讯条例》，允许民间经营广播电台。在开放的政策环境下，到1937年全国已有70多座民营电台在广播。这些广播电台主要播送新闻、娱乐信息及广播剧。广播业一时出现了繁荣的局面。

（二）民营报纸的发展促进其他产业的发展

1924年著名报人成舍我开始创办"世界报系"、《立报》等民营报纸。之后，他考察了西方报业集团，并在中国搞报业托拉斯，成立新闻公司，目标是办成包括十家大报以及通讯社、新闻研究中心、定期新闻研究刊物、新闻画报等在内的报业集团。此外，史量才接管《申报》，购买《新闻报》的大部分股权，兼并融合，成为上海乃至中国新闻界最大的报业集团。在他们的引导下，民营报业开始出现了繁荣景象。

伴随着报业的发展繁荣，广告业也逐步兴盛。"十里洋场"的上海成为中国广告业的缩影，广告代理业逐渐出现，广告公司也逐渐专业化。华商、联合、美商克劳特、英商美灵登是当时著名的四大广告公司。到1935年，上海已经拥有一百多家中外广告公司。

（三）人们的需求促进电影业的发展

20 世纪 30 年代，尽管社会形势不容乐观，但在老上海的繁荣背景下，人们的休闲娱乐需求促进了软性电影的发展，人们日益高涨的民族意识促进了左翼进步电影的发展。这就形成了官方电影、软性电影与左翼电影三足鼎立、相互排斥、相互斗争的独特景观。私营电影公司如"联华""明星""天一"及其他小公司，因追求销路、讲究票房，为中国电影业从技术到市场的发展做出了极大贡献。中国电影业在一定程度上具备了"大电影产业"的条件，因明星效应带动的唱片业、服装业、烟草业也都在与电影业共求商业关系。

三、延缓形成阶段（1950 年—1978 年）

（一）文化生产方式的变化

1949 年中华人民共和国成立不久就确立了计划经济体制，文化商品的生产、消费和流通都被纳入计划经济的统一模式之中，文化生产不再是根据市场和消费的需要，而主要是根据政治的任务来安排，文化市场也逐渐失去活力。

此外，1958 年 5 月 1 日，我国成立了北京电视台（中央电视台的前身），并于 9 月 2 日正式播出节目。尽管该台陆续播出了《庆祝"五一节"座谈》《东方红》等节目，但电视业的经济功能完全没有凸显出来。

（二）单一的文化事业体制

在"双百方针""古为今用，洋为中用"思想的指导下，社会主义文化有了极大的变化。文化事业作为党和人民的事业得到了充分重视，从中央到地方都陆续设立了文化行政管理机构。1949 年 11 月 1 日，中共中央设立了国家新闻行政管理机构——中央人民政府新闻总署（1952 年政府机构调整时撤销）；1949 年 11 月，政务院第十一次会议决定正式成立广播事业局。后来，广播事业局经过多次更名改为中央广播事业局，并列为中央直属部门。这个时期，党中央及各级党委的宣传部门主管新闻事业与新闻宣传工作，新闻媒体始终与政治紧密联系，执行宣传任务。

四、恢复发展阶段（1979 年—1991 年）

（一）文化事业逐步恢复

经历了 1966 年到 1976 年的冲击之后，文化建设领域首先需要做的就是拨乱反正和恢复文化事业到 1966 年之前百花齐放、百家争鸣的建设状态，逐步实现文化事业的全面恢复，从而为新时期文化产业的发展创建良好的政治、经济环境与舆论氛围。人民群众的文化需求与文化作品日益丰富起来，大众创作的热情空前高涨，涌现了一大批具有创新性与活力的新成果。至此，中国的文化事业也逐渐恢复元气，开始蓬勃发展之旅。

改革开放以后，中国进入新时期，此后十多年中国的文化产业发展处于萌芽期，有关文化事业与文化产业发展的资源、组织、体制等都处于准备状态。当时，文化事业已经开始朝着文化娱乐方向发展，体制内外打破传统官僚结构与观念的呼声很高。

1978 年 12 月，党的十一届三中全会胜利召开，中国特色社会主义现代化建设至此进入改革开放新时期，国家建设从"以阶级斗争为纲"转移到"发展生产力、以经济建设为中心"上来，重新确立了解放思想、实事求是、以经济建设为中心的路线方针。在文化建设领域，从放弃"文艺从属于政治"的口号开始，文化与政治就在辩证统一的过程中不断发展，即文化既不能完全从属于政治，也不能脱离政治。

这个阶段已经明确提出了文化体制改革的任务和目标，从文化的事业属性向产业属性转型势在必行。不过，尽管中国的文化事业得以复苏，但过去旧有的文化体制已然不适应新政治、新经济体制，"大锅饭"、单一公有制等极大地抑制了文化创作者的主观能动性。因此，如何改革当时的文化事业管理体制，并使之与经济建设相适应成了新的问题。邓小平对此特别强调，文化也是一门行业，发展高尚的丰富多彩的文化生活，建设高度的社会主义精神文明，对满足人民群众日益增长的精神文化需要，提升整个社会的思想、文化、道德水平都具有重要意义。一方面强调了党对文化工作的领导地位，另一方面也强调了文学艺术既不能从属于政治也不能脱离政治的新文化观，要将"文艺为人民服务、为社会主义服务"的方针作为指导思想。

正是在这样的指导思想下，中国的文化事业开始逐步遵循文化实践规律，文化产品及服务的生产、流通、消费与再生产逐步开始具有能动性、独立性与战略性。党的十一届三中全会后，中国共产党对文化在民族国家建设中的地位和作用有了更理性也更科学的认识，审视文化和文化产业发展的视野更开阔、更富时代感。

1979 年，中国广州东方宾馆开设国内第一家音乐茶座、播出第一条外国商业广告，这被视为新中国文化产业发展的起点，具有里程碑的意义。

1980 年，娱乐舞厅、歌厅等文娱消费场所大规模出现，内地音像业逐步兴起，文化市场初具规模并展现出繁荣发展的趋势。同时，1980年开始，我国先后推进了文化管理机构合并、事业单位企业化等体制改革措施，过去大包大揽的文化建设管理方式逐步得到纠正，在文艺院团、新闻出版等诸多文化领域产生了巨大反响。

1981年，党的十一届六中全会确立了社会主义要有高度的精神文明的文化发展思想，将人民群众的文化生活需要与物质生活需要放在了几乎同等重要的位置，两者相互统一，缺一不可。

1982年，文化部、国家出版事业局、国家文物管理局、外文出版发行事业局合并组成新的文化部（现为文化和旅游部），文化产业发展在国民经济中的作用与地位通过顶层组织建设得到了极大提高与体现。

到了1983年，中国的政府工作报告开始提出文化体制改革的战略目标，要求各级政府逐步统筹推进文化事业与文化产业的转型改革。这一改革的大背景是中国财政与行政方面由"大锅饭"走向"分灶吃饭"，原来完全由政府统筹规划的文化经营活动开始转向由文化市场运作。至此，中国文化事业逐步走向文化事业与文化产业并举的发展之路，恢复期的萌芽准备为此提供了坚实的物质基础与思想保障。

（二）文化娱乐业与广告业的发展

随着党的十一届三中全会召开、经济体制改革，人们渴望了解新生活、新知识、新观念，这就促进了人们的文化消费需求的发展。满足人们需求的以民营资本为主体的娱乐业、广告业等逐渐兴起和发展，文化产品和服务的经济属性逐步显现。比如，1979年以广州东方宾馆开设的第一家音乐茶座为代表的文化娱乐业打破了文化活动严格按照计划来配置资源的局面。此后，营业性舞会等娱乐业风靡大江南北，相继出现了营业性舞厅、卡拉OK厅等文化活动场所。这象征着文化娱乐产业已独立，并逐渐成为文化产品市场的支柱产业。

同期，广告业也恢复发展。1980年1月1日，中央人民广播电台播出建台以来第一条商业广告；1982年，中国广告协会成立。从此，中国广告业迅速发展。广告行业的规模不断扩大，营业额不断增加，广告媒介也不断拓展，广告法规、广告管理体系和广告体制改革得到探索和发展。在众多变化中，特别要注意的是，在广告创作中策划和创意的观念开始被理论界与实业界关注。

（三）"文化经济"概念的提出

1983年的政府工作报告中提出文艺体制需要有领导、有步骤地进行改革。

1985 年，国务院转发国家统计局《关于建立第三产业统计的报告》，把文化艺术作为第三产业的一个组成部分列入国民生产统计的项目中。此后，人们对文化艺术的产业属性有了更直观的认识。

1988 年，文化部、国家工商总局（现为国家市场监督管理总局）又联合发布了《关于加强文化市场管理工作的通知》，不仅在政府文件中首次提到"文化市场"字眼，还对众说纷纭的文化市场的范围、管理原则等做了界定，从而结束了文化市场管理无章可循的局面。1991 年，国务院批转文化部《关于文化事业若干经济政策意见的报告》，正式提出"文化经济"的概念。这一系列的变化，都促进了文化产业逐步恢复发展。

五、快速发展阶段（1992 年—2001 年）

1992 年，随着世界文化产业的发展，国务院办公厅编写了《重大战略决策——加快发展第三产业》一书，明确启用"文化产业"的说法。1998 年，中国政府成立了文化部文化产业司。在政府的一系列措施之下，"文化产业"在国内正式安家落户。文化体制改革给予文化市场以活力，促进了文化的繁荣与思想政治体制的解放，文化产业门类增多、规模增大。

（一）文化体制改革

1992 年，中共十四大召开，确立了建立社会主义市场经济体制改革的目标。在此背景下，中国开始对文化领域进行改革。

首先，在所有制形式上，打破国家包办文化事业的单一局面，允许发展多种所有制形式的文化产业。

其次，在管理体制上，打破国家对文化单位统包统管的管理模式，确立分类管理、分级指导的文化产业管理思路，激发国有文化机构自身的活力。

最后，在内部运行机制上，打破了"大锅饭"和"铁饭碗"，努力建立适应社会主义市场经济体制的新的人事制度、分配制度和管理制度。

经过一系列的改革，调动了各方面办文化的积极性，越来越多的投资者、经营者进入文化产业领域，形成了国家、集体、私营、个体、中外合资等所有制经济并存互补的格局。

（二）文化市场拓展

1992 年以后，文化资金市场、文化艺术设施市场、文化艺术人才和劳务市场、文化中介市场、文化产权市场、版权市场等文化要素市场都得到极大的拓展。文化产业专门管理机构——文化部文化产业司成立以后，在政府及管理部门的协调下，文化产业迅猛发展，门类与日俱增，初步形成了出版业、电视业、电影业、演出业、娱乐业、音像业等。中国文化产业已初步形成多门类、多层次的立体文化消费结构，文化机构、文化从业人员规模日渐庞大。

1999 年，全国文化部门共有产业机构 33.07 万个，从业人员 166.15 万人；全国文化娱乐业共有机构 17.47 万个，从业人员 90.3 万人；全国文化市场其他经营机构 9.7 万个，从业人员 23 万人。其中包括文化艺术经纪代理业、音像制品批发零售业、录像放映业等，还产生了录像带出租、画店画廊、美术公司、艺术品拍卖公司、图书批发等机构。

（三）信息产业快速发展

根据国家统计局和国家计委的数据，"九五"计划期间，中国信息技术产业的产值平均年增幅达到 25%～30%，到 2000 年，中国电信业和邮政业的业务总量达到 4725 亿元，如果加上与国民经济和社会信息化密切相关的新兴电子信息产业，业务总量达到 14725 亿元，比 1995 年（"八五"末）翻了两番。这些产业的发展为文化内容的创作与传播开辟了广阔的新天地，传统的大众传媒如新闻出版、广播电影电视业等均向信息产业迅速靠拢，以"新媒体"的姿态异军突起，成为新兴文化产业的主体。以信息技术为代表的信息产业直接推动了文化产业的迅速发展。

六、战略提升阶段（2002 年—2008 年）

2002 年 11 月，党的十六大召开，其报告指出，要积极发展文化事业和文化产业，发展文化产业是市场经济条件下繁荣社会主义文化、满足人民群众精神文化需求的重要途径。报告指出，要完善文化产业政策，支持文化产业发展，增强中国文化产业的整体实力和竞争力。这标志着文化产业的合法性取得了实质性突破，文化产业的发展在中国进入了一个新的阶段。

2003 年 6 月，国务院召开了全国文化体制改革试点工作会议，标志着文化产业发展进入了一个深层次变革的新阶段。

（一）国家战略性规划定位

这个时期最重要的事件或者发展标志之一是文化产业发展进入国家层面的战略规划发展阶段。

2003 年国务院召开的"文化体制改革试点工作会议"是国家在战略层面

上推动文化发展的重大举措。促进文化事业单位转企和国有文化企业自主发展成为我国全面发展文化产业的切入点。

2004年下半年和2005年初，国家统计局等部门联合发布了《文化及相关产业分类》《文化及相关产业分类统计指标体系框架》。其中《文化及相关产业分类》对文化产业的定义为：为社会公众提供文化、娱乐产品和服务的活动以及这些有关的活动的集合。这个重要的文件首次把文化产业分成三类：①核心层，包括新闻、出版、广电和文化艺术等；②外围层，包括网络、娱乐、旅游、广告、会展等新兴文化产业；③相关服务层，包括提供文化用品、文化设备生产和销售业务的行业，主要指可以负载文化内容的硬件产品制作业和服务业。

2005年8月，新华社连续播发《国务院关于非公有资本进入文化产业的若干决定》、中宣部等六部委《关于加强文化产品进口管理的办法》、文化部等五部委《关于文化领域引进外资的若干意见》等法规或文件，标志着文化产业、文化市场、文化生产力良好体制环境与政策环境的初步形成。

2006年8月颁布的我国第一个关于文化建设的中长期规划《国家"十一五"时期文化发展规划纲要》，把文化发展纳入国家发展的总体战略加以统筹规划。2006年10月11日，中共十六届六中全会决定明确要求加快发展文化事业和文化产业，满足人民群众的文化需求。

2007年8月，文化部印发《文化标准化中长期发展规划（2007—2020）》，确定了文化标准化工作需要坚持政府主导、重点保障、需求导向、共同参与、制定与实施并重、自主创新、国际化等基本原则，明确在2020年之前，要建立起较为完善的文化标准体系。这是推动文化创新的重要技术保障，是繁荣文化事业和发展文化产业的重要基础。

2007年10月，党的十七大报告明确指出，要大力发展文化产业，实施重大文化产业项目带动战略，加快文化产业基地和区域性特色文化产业群设计，培育文化产业骨干企业和战略投资者，繁荣文化市场，增强国际竞争力。

（二）区域大发展格局初步形成

在文化部文化产业司的大力推动和国家政策的指导下，各地政府逐步重视文化产业，并且开始制定专门的文化产业发展规划。许多地方政府甚至将文化产业的发展作为区域经济新的增长点。

经过几年的努力，一些区域已经取得了重大成效，使文化产业上升到支柱产业的地位。此外，一些地方政府还提出了结合发展文化产业建设文化强省强市的目标以及不断提升文化软实力的愿景。

（三）理论与实践相得益彰

学界的参与是推动文化产业发展的重要力量。学者不仅提出了许多学术上的独到见解，也参与了许多政策课题的研究和研讨，参与各地政府制定文化产业发展规划，为发展文化产业提供了多方面的智力支持。

2004 年 11 月的第一次全国文化系统文化产业工作会议和 2008 年 10 月的第二次全国文化系统文化产业工作会议，是对中国文化产业发展进程里程碑式的总结。

此间，文化部先后命名 3 批、137 个国家文化产业示范基地，全国 22 个省、自治区、直辖市评出 429 个省级文化产业示范基地。对此，文化部部长助理丁伟曾表示，这些文化产业示范基地已经成为各地文化产业的知名品牌，有效地发挥了示范、辐射和带动作用，产生了较好的文化效应、经济效应和社会效应。

（四）深化文化体制改革

文化体制改革是发展文化产业的突破口。2003 年 6 月，中央召开全国文化体制改革试点工作会议，确定了我国文化体制改革试点工作。2004 年 9 月，党的十六届四中全会通过《中共中央关于加强党的执政能力建设的决定》，明确提出了要深化文化体制改革，解放和发展文化生产力。2006 年 1 月，中共中央、国务院颁布实施《关于深化文化体制改革的若干意见》，明确文化体制改革的指导思想、原则要求和目标任务等。在一系列改革政策的推进下，文化事业单位、文化企业进一步改革，文化领域结构进一步调整。

（五）文化产业规模扩大

2002 年党的十六大召开之后，我国出台了一系列政策敦促文化产业迅速提升发展。随着大规模组建报业、出版、期刊、广电、发行等集团，我国文化产业已具有相当的规模，门类已比较齐全，总体实力也大大增强。以 2003 年为例，从结构上看，"核心层"从业人员 223 万人，实现增加值 884 亿元；"外围层"从业人员 422 万人，实现增加值 835 亿元；"相关层"从业人员 629 万人，实现增加值 1858 亿元。从就业总量而言，文化服务业就业人员规模已经高于"批发和零售业"；从经济总量而言，文化服务业的经济总量与房地产业大体相当。文化系统的文化产业也已初步形成了演出业、影视业、音像业、文化娱乐业、文化旅游业、图书报刊业、文物和艺术品业、艺术培训业、网络文化业等比较完整的行业门类。

（六）动漫产业和网络游戏业迅速崛起

在国家政策的鼓励下，我国的动漫产业、网络游戏业迅速崛起。以 2004 年为例，4 月国家广电总局向全国印发《关于发展我国影视动画产业的若干意见》；7 月文化部在上海成立"国家动漫游戏产业振兴基地"，国家广电总局在湖南和上海成立了"国家动漫游戏产业示范基地"；9 月信息产业部宣布，网络游戏被列入 2004 年电子信息产业发展基金的重点招商项目，作为行业主管部门，信息产业部大力支持网络游戏行业的发展。在此政策引导下，我国游戏业不断发展。2004 年，我国网络游戏市场规模已达 36 亿元，比 2000 年的 0.3 亿元增长了 100 多倍。此后，我国又陆续采取多种措施促进动漫游戏业的发展。

七、繁荣兴盛阶段（2009 年至今）

（一）调整管理体制

2009 年，国务院颁布实施了《文化产业振兴规划》，文化产业成为"十一五"时期的重要振兴领域，在"十二五"规划中进一步被定位为国民经济的支柱产业，并定下了文化产业总产值占 GDP5% 以上的战略目标。这既创造了可观的经济效益，推动了社会生产力的发展，也在主流意识形态传播中具有优势竞争地位，在很大程度上巩固了国际话语权。

2011 年，党的十七届六中全会首次提出了要建设社会主义文化强国的战略目标，如何保障文化产品与要素市场的合理自由流动，构建现代开放的文化市场体系成了重中之重。这一时期我国的文化产品及服务规模、门类、层次等全方位实现了突破发展，像数字、网络、动漫等信息化产业与文化领域逐渐形成了融合发展的竞争格局，这也成为我国探索新兴文化产业内容与形式的方向与新的文化经济增长点。为了实现"十二五"规划的文化战略发展目标，政府先后投入了大量的人力物力资源到文化领域。

到 2012 年，我国的文化产业及相关产业的增加值已经达到了 18071 亿元，增长率的历史最高点达到了 34.1%，占 GDP 增加值和第三产业增加值的比例分别也达到了 3.4% 和 7.4%，同时文化创意产业园区达到了 1457 个（2002 年只有 48 个），成了名副其实的新兴产业。

根据国家统计局官网资料整理表明，从 2006 年至 2012 年我国的公共图书馆业机构数从 2778 个增加到了 3076 个，群众文化服务业机构数也从 40 088

个增加到了 43 876 个，博物馆数从 1617 个增加到了 4918 个，艺术表演团体数也从 2866 个增加到了 7321 个。可以说，我国的文化产业有了强大的公共文化事业基础服务设施保障，文化产品及服务供给规模与结构都得到了极大提高与改善，人们的多元化、个性化、均等化文化服务的消费需求得到了有力保障。

此外，我国规模以上文化及相关产业企业营业收入呈波动式上升趋势，到 2019 年实现营收 86 624 亿元，同比增长 7.0%；2020 年全国规模以上文化及相关产业企业实现营业收入 98 514 亿元，同比增长 13.73%。

由此，我国文化产业的调整发展开始走向成熟阶段，文化产业成了我国具有带动性、战略性、支柱性的国家新兴产业，与经济建设、政治建设和社会建设一起成为中国特色社会主义建设的重要组成部分。无论是政策法规、管理机构还是体制机制，都完成了宏观、中观与微观多层次的战略实践部署。而在具体的治理模式方面，我国的文化产业管理也开始了"文化事业与文化产业并轨、直接治理与间接治理相结合"的新治理模式。

（二）文化科技的发展

为深入实施科技带动战略，推进文化科技创新，中国科技部会同中宣部、财政部、文化部、广电总局、新闻出版总署，于 2012 年 8 月专门组织编制印发了《国家文化科技创新工程纲要》，分析了文化科技发展的形势与机遇，制定了文化科技发展的总体目标、主要任务和相关技术标准，帮助文化艺术、广播影视、新闻出版、创意设计、网络与新媒体等行业确定文化科技发展的方向。

我国在不断引进国外先进文化科技的同时，也不断发展文化科技产业园，培育文化企业，自主研发新的文化科技。文化科技的发展为文化产业提供了技术保障，促进了文化产业不断发展。此外，大量运用文化科技的文化娱乐业、旅游演出业等也迅速发展。

（三）文化产业的创新改革

2012 年到 2017 年是我国文化产业深化与创新改革的重要发展期。2012 年11 月，党的十八大重申了文化强国的战略地位，党的十八届三中全会提出推进文化制度改革，着重论述了政治、经济、社会、文化、生态五位一体全面改革建设社会主义的重要性，这也成了文化管理体制全面深化改革与创新的大背景。

文化部在 2014 年出台的《2014 年文化系统体制改革工作要点》及其《分

工实施方案》文件曾专门提出，在改革的过程中要重视统一筹划和其他各个领域改革的关系，充分挖掘市场在推进文化产业增长方面的潜力。

2014年，习近平总书记在文艺工作座谈会上也着重强调，中华民族精神的大厦要巍然耸立，成为民族复兴的强大精神力量，与物质力量共同发挥突出作用。此后，我国的文化市场特别是非公有制文化主体得到了发展，一大批民营文化企业成长起来，文化产业的功能也从传统的政治服务逐步延伸到了创新创业，成为推动国民经济与社会发展的重要精神力量与物质手段。

近年来，我国还明显加大了对纪录片等影片的创作力度，既维护和保障了主流意识形态安全，也传播扩散了中国主流文化。纪录片数量从2007年的9部提高到了2017年的44部，带有鲜明的政治文化宣传教育意义，对巩固主流意识形态地位和弘扬中华民族传统文化具有重要影响。

无疑，每一部电影和电视节目都有着特定的叙事结构、类型特征和修辞策略，党和政府需要借助广播电视柔性地、间接地、互动地传递政策方针及意识形态。例如，《人民的名义》以其政治反腐题材体现出对主流意识形态的强力认同，不露痕迹地进行主流意识形态灌输，生动地表现不同阶层和立场的人物形象，虽然展示了不同的思想观念，却使主流意识形态的有关认识深入人心，从而发挥引导社会舆论的作用，不断提高民族和国家观念。

随着5G技术的成熟，未来我国的文化产业将在各个层面发生变化，包括技术、产品、模式与组织，这会极大地影响传统的文化产品与服务形式。全国文化、体育、娱乐、信息网络方面新登记注册的企业大规模增长，阿里巴巴、腾讯等互联网企业在信息文化产业相关领域的企业并购、股权投资等文化市场交易竞争现象空前繁荣，文化产业发展模式也全面走向了数字化文化产业融合发展阶段。据中国互联网信息中心发布的统计报告数据，截至2020年3月，中国互联网普及率为64.5%，网民规模达到8.97亿，而手机也已成为网民最依赖的上网渠道，占比高达99.3%。

我国专门成立了中共中央网络安全和信息化委员会及国家互联网信息办公室，对我国的网络空间安全与战略发展进行顶层设计和管控。在政策法规层面，我国曾先后出台《促进大数据发展行动纲要（2015）》《网络安全法（2016）》等，从数据资源、安全技术、网络意识形态等方面进行了战略规划。

随着大数据、云计算、物联网、"互联网+"、人工智能等新一代信息技术的发展，广播影视、新闻出版等文化产业部门也逐渐开始了数字化转型，出现了融媒体、微视频、数字出版、移动手游、网络文学等多种新兴文化产品及服务类型，以文化主题产业园区等方式实现文化产业集群规模发展的战略部署开始发挥作用，逐步形成了中国特色社会主义现代数字文化产业。

我国的文化产业外延也逐渐延伸到了网络、动漫、数字影视等多个新兴行业，且与其他产业如体育、旅游等也产生了紧密的联系。如一些学者所言，文化产业必须以"文化+"与"互联网+"为轴心，从文化内容与技术创新两个层面去重构文化产业，才能真正实现文化的特色化、集群化、数字化、网络化与智能化。一方面，在股权结构上，2017年中国出版集团公司、中国电影股份有限公司、国有控股文化企业等成了中国优秀文化企业的主体部分，具有强劲的文化创新能力、竞争实力与营收业绩，也成了中国文化创意、新业态的引领者。另一方面，2017年，"十三五"规划明确提出，要培育一批集聚功能与辐射作用明显的国家级文化产业园区，这对文化产业领域的转型升级、高速发展具有战略指导意义。

当然，不可否认的一个事实是，尽管我国文化产业增加值一直在稳步增长，但增长率却在持续下滑。随着我国社会全面进入小康社会和人们的基本生存需要得到较好的满足，人们对文化产品和服务的需求呈快速增长态势。但实际情况是，我国的文化产品和服务的供给和需求方面存在一个较大的"战略缺口"，社会大众的消费潜力尚未得到较好的释放。一方面是国内、国际市场对文化产品和服务有巨大的购买力，而另一方面有效供给不足，表面上是供过于求，实际上是供不应求，这是我国文化产业面临的基本供求形势。

正如费孝通所言，21世纪面临的最大问题是文化融通问题，消解文化或文明的冲突与偏误，需要基于文化对话与交流建构出来的高度文化自觉。就其本质而言，这是由当前我国的文化产业规模较大但缺乏创意产业导致的，一些先进的文化产品与服务让位于庸俗文化活动。而且，不同地区的文化产业发展也存在不均衡的状况，这种差异性不仅导致生产缺乏创新，而且导致差异化的消费需要得不到满足，这种现象在国外也普遍存在。

总之，我国的文化产业发源于新民主主义文化，经历了精神文明建设、中国特色社会主义文化建设阶段，正逐步进入数字文化产业发展新时代。回顾20世纪以来中国文化产业发展历程，其面临的政治、经济、社会和政策环境发生了深刻的变化。

从历程演变来看，新时期我国的文化产业发展逐渐形成了历史文化传承、文化体制改革、文化科技创新与文化功能延伸的发展逻辑。

从治理模式来看，新时期我国的文化产业先后经历了政治主导、政府直接办文化、政府直接办文化与间接办文化相结合到政府监管与市场主导相结合的文化治理模式，逐渐形成了政府监督管理、市场资源配置的现代文化治理体系。

从文化发展形式来看，新时期我国的文化产业先后经历了公益事业型发展、经营产业型发展到事业型与产业型并举发展的格局。

从中华人民共和国成立至今，我国的文化产业发展先后经历了萌芽准备、形成兴起、调整深化等几个阶段。而中华人民共和国成立到改革开放前这一时期，我国文化从被动输入变为主动创造，整个历程演进有着内在的逻辑。

第三章 文化产业的核心要素与发展模式

文化产业的基本规律是驾驶文化产业这辆车的操作规程。为了做好文化产业，必须遵循文化产业的基本规律，掌握文化产业的核心要素，了解文化产业的发展模式，用好文化产业的商业模式，洞悉中国文化产业发展的特殊性质，只有这样才能对文化产业的市场走势有更加清晰的认知，进而实现文化产业的优化和升级。本章分为文化产业的核心要素、文化产业的发展模式、文化产业的主要商业模式、中国文化产业发展的特殊性四部分，主要内容包括文化产业的各项要素、文化产业的主要发展模式和商业模式等方面。

第一节 文化产业的核心要素

一、市场

（一）市场的定义及分类

经济学上市场有两种解释，一种是买卖双方进行交易的场所，一种是所有交易行为的总称。文化产业的市场除了包括场所、行为之外，由于更强调需求决定供给的重要性，因此市场主要表现为消费者对文化产品及相关产品、服务、理念等的有效需求及有支付力的需求的总和。

文化产业的市场按文化产品购买者的购买目的和身份可分为文化产品的消费者市场、文化产品的生产者市场、文化产品的转卖者市场和政府市场，按文化企业的角色可分为购买市场和销售市场，按照消费者消费的主要文化产品类型可分为新闻出版发行市场、广播电视电影市场、文化艺术市场、文化创意和设计市场、文化休闲娱乐市场、工艺美术品市场等。

（二）文化产业市场的特点

与文化产业的其他要素相比，市场要素是文化产业发展的前提。市场决定了文化产品是否生产、生产多少、何时生产与销售等，并整合其他要素为文化产业服务。与农业、制造业等的市场重视"推力"相比，文化产业的市场更重视"推拉"结合，且更重视"拉"，即主动关注文化市场消费主体的需求，让需求决定供给与创意。

此外，文化产业的市场具有知识化、科技化、智能化、绿色化、国际化等特点。由于文化产品、商品、服务以提供精神产品和服务的版权产业为核心，突出展示了文化特性，因此市场的知识化特点较为突出；由于文化产业大量运用通信、网络、影视等方面的高科技，因此市场的科技化、智能化、信息化特点较为突出；由于文化产业属于低消耗、无污染产业，因此市场的绿色化特点较为突出；由于文化产业是全球都在全力发展的产业形态，文化产品也在全球流通，因此市场的国际化趋势极为突出。

（三）文化产业市场的作用

市场导向、市场优先、供需关系优先是文化产业生存和发展的前提。市场在配置文化产业资源中发挥决定性作用。市场联结文化产业发展过程中产、供、销各方，能把资源转移到最能满足消费者需求的文化商品生产上，从而解决所要生产的文化商品的最优组合问题和生产资源在不同用途之间分配的问题，保证资源以最佳组合投入生产。市场能够平衡文化产品、文化的相关产品、文化商品、文化服务的供求矛盾，以此实现文化商品生产者、经营者和消费者各自的经济利益。市场通过信息反馈直接影响文化产品的创新、生产，影响文化企业的产品销售情况、上市时间等。

二、资本

（一）资本的定义及分类

广义的资本指与物质再生产过程密切联系的一种能够带来价值增长的生产要素。主流宏观经济学认为，资本可以划分为物质资本、人力资本、自然资源、技术知识。法国当代著名社会学家布尔迪厄认为资本表现为三种基本形态：经济资本、文化资本和社会资本。其中，经济资本是由生产活动的不同因素所建构的，例如土地、工厂、劳动、资金、财产、各种收入等。经济资本可以直接转换成金钱。文化产业的资本采用狭义的概念，即资金。

（二）文化产业资本的特点

文化产业资本贯穿于文化产业发展的各个环节，其突出特点是流动性、增值性、倾向性。资本总会不断地从文化产品和文化相关产品的流通领域进入文化产品和文化相关产品的生产领域，再从文化产品和文化相关产品的生产领域进入文化产品和文化相关产品的流通领域，如此不断循环往复，完成文化产业的资源配置，实现资本的增值和利润的最大化。此外，资本对技术的依赖性逐渐增强，更倾向于流向有创新性、文化含量高且具有核心竞争力的新型行业。

（三）文化产业资本的作用

资本在文化产业这辆车的行驶中起到了"汽油"的作用，没有资本，文化产业就难以前行。优化配置和合理使用资本能够实现文化产业价值最大化。有足够的资本才能调动文化资源、人力资源、文化科技等要素，促进文化产业合理发展。文化产业的资本能够提高人力资源的水平，尤其是创意能力和创富能力；能够促进文化产品和文化相关产品的生产技术创新、产品创新、流通渠道与技术创新。资本的对接能实现文化创意的广泛投融资，促进文化产业快速发展。此外，在科技的推动下，文化资本已成为创造文化产品价值的实际推动力。

三、文化资源

（一）文化资源的定义及分类

认识文化资源，并对文化资源进行梳理、归类，同时在产业发展的层面上对其进行科学划分，是开发和保护文化资源的前提和基础。

"文化资源"一词是美国国家公园管理局在 20 世纪 70 年代率先使用的，然后很快就被广泛采纳。美国国家公园管理局所定义的"文化资源"与"文化遗产"基本同义，是指"与人类活动有关的自然和人工物质遗迹，包括遗址、建筑物和其他单独或同时具有历史、建筑、考古或人文发展方面重要性的物件"，可以说文化资源是独一无二且不可再生的资源。这个定义涵盖了文化遗产的各个方面，但是在实践中，美国的文化资源管理主要侧重于对史前历史时期考古资源的研究与管理，是对考古遗存进行管理的一种新手段，与其他历史遗物（著名的历史建筑、古战场等）的保护措施互相补充。显然，我国文化产业中的文化资源，在外延上要远远大于美国国家公园管理局对文化资源的界定。

文化资源是在发展市场经济进程中被提出、被关注的，因而，对这一概念的内涵和外延以及其与其他相关的一些概念之间的联系仍在探讨之中，目前还没有形成统一的认识。为了满足文化产业研究的需要，有学者提出了一个总结性的定义：文化资源是指人类为开辟、发展和完善自己赖以生存的环境，在改造利用自然、维系社会规范和塑造人类自身的长期实践过程中所创造的凝结了人类无差别的劳动成果和丰富的思维活动的物质、精神的存在对象。文化资源在一定条件下可以转换为"文化资本"，并给人类带来经济效益和社会效益。

文化资源包括历史文物古迹、工艺美术、音乐、宗教信仰、思想观念、语言文字、影视动画等。广义的文化资源是难以给出具体界定的，只要是体现人类追求和满足人类精神需求的产品或活动均应划入文化资源的范畴。这样一来，人类社会生活的方方面面就大量地体现了文化资源的痕迹，政治、经济、社会生活都蕴含了丰富的文化特征。

文化资源的分类和文化资源的概念一样，是研究者非常感兴趣的课题。目前，文化资源的分类方式有很多，按照不同的分类标准，文化资源呈现出不同的分类体系。例如，从内容上，文化资源可以划分为历史文化资源、民族文化资源、宗教文化资源、地域文化资源（如都市文化、乡村文化）等；从性质的角度，文化资源可划分为物质文化资源和精神文化资源；从可持续发展的角度，文化资源可划分为可再生文化资源和不可再生文化资源；从统计评价的角度，文化资源可划分为可度量文化资源和不可度量文化资源；按历时性，文化资源可划分为文化历史资源和文化现实资源；按是否有实物性形态，文化资源又可分为有形文化资源（如历史遗存遗址、特色民居建筑、历史文化名城名镇、特色服饰、民族民间工艺品等）和无形文化资源（如语言文字、文学艺术、绘画美术、音乐舞蹈、神话传说、风俗习惯、民族节庆等）；按物质成果转化的智能含量，文化资源又可分为智能文化资源和非智能文化资源；从文化产业发展的角度，文化资源可以划分为可开发资源和不可开发资源等。

（二）文化资源的特点

文化资源是现有社会发展的底蕴，也是未来社会发展的基础。文化资源除具有一般资源的一些特征外，如效益性、共享性、消费性、融合性、可利用性等，也具有一些独特的性质。

1. 文化资源的精神性与物质性

文化内涵的复杂性使文化资源的物质形态和精神形态相互混合在一起。非物态性资源可以重复使用和更新发展，传说和历史可以一代代传下去，群体的历史文化传统也可以代代相传。而科学思想、新技术、先进文化由于附带了时代的文化特征和延续了人类对自然和自己的探索成果又将成为新的文化资源。物态文化资源大多具有不可再生性，如历史文化遗存、古建筑、传统街区建筑等。

2.文化资源的稀缺性

物以稀为贵，稀缺的不可替代的文化资源特别是历史文化资源具有较高的可度量价值。人类的劳动和思想意识经过长期的劳动和思考凝结在文化载体上，形成了今天的器物形态的文化资源。这类文化资源，越是久远，其中蕴含的人类的文化因素就越多，也就越具有高贵的品质。但是一些文化资源特别是物态文化资源，如历史文化遗存、古建筑、传统街区建筑，由于时间久远，随着自然损耗而日渐衰微，最后成为稀缺资源，也就因此具有更加昂贵的价值。同源同类的文化资源具有可替代性，所以无论是从功能上还是从审美意识上，具有可替代性的文化资源时刻都有被遗忘的危险。可替代的文化资源，其价值一般低于不可替代的文化资源。

3.文化资源的持久性和传承性

许多自然资源是不可再生资源，文化资源则不然。一种文化资源，只要人们认为它对人类有用，便可以永久地使用，它不会因为使用它的对象的多少、使用频率的高低而枯竭或灭绝。使用的人越多、频率越高，还可能促进这种文化资源量上的增长，甚至产生新的文化特质。因为，学习、普及、使用的过程就是一个创造的过程。优秀的文化资源，使用的人越多，越能显示其价值和生命力，可以世世代代为人类造福。除非人类遭受重大浩劫，否则优秀的文化资源就永远不会灭绝、消失。比如，中华文化、古埃及文化、古希腊文化、古印度文化等，虽然历经沧桑，仍显示出其灿烂的光辉。

4.文化资源的递增性

有形的自然资源是越用越少、不断递减的，而作为精神现象的文化资源不但不会越用越少，反而会越用越多、逐渐递增。使用文化的过程同时也是创造文化的过程，文化是人类智慧的结晶。在人类的历史演进中，一代人有一代人的智慧，而且，后代人总是拥有比前代人更多的智慧。因为人总是在学习、吸收前代人智慧的基础上丰富前代人的智慧并创造新的智慧。文化资源就是经过一代又一代人的努力，随着历史的演进而不断生长、不断递进的。只要人类的思维和创造活动不停止，人类文化就会不断丰富、发展、创新，并不断产生新的特质。

文化资源的这些性质决定了文化资源对人类社会的发展起着导向、支撑、凝聚、推动的作用。

（三）文化资源的作用

文化资源的构成要素包括文化特色、保存状态、知名度、独特性、稀缺性及分布范围等品相要素，文化价值、时间价值、消费价值和历史文化资源的保护等价值要素，社会效用、经济效用等效用要素，资源规模、资源综合竞争力、资源成熟度、资源环境等传承能力和发展预期等。这些构成要素体现了文化资源的文化传承功能，满足文化消费需求的作用，是文化产业存在和发展的土壤和根基。

其中，文化资源的发展预期关系到资源属地的经济发展水平、交通运输能力、生活服务能力和商务服务能力等。此外，文化资源不仅能为全球文化产品赋予鲜明的民族、思想、内容、形式及美学特色，还能使文化产品凭借特殊的文化魅力和市场竞争力，创造良好的社会效益和巨大的经济效益。

四、人力资源

（一）人力资源的定义与分类

人力资源曾被经济学家称为第一资源，通常指一定时期内组织中的人所拥有的能够被企业利用且对价值创造起贡献作用的教育、能力、技能、经验、体力等各种资源的总称。文化产业的人力资源按照文化产品是以文化为内涵、创意为核心的产品的标准，分为创意人才、创作人才、策划人才、制作人才、传播人才；按照文化产业的经营是以熟悉文化产品的生产和销售为基础、掌握文化资本的运作为前提的标准，分为生产人才、销售人才、文化金融人才；按照文化产业的管理是以熟悉文化产业规律为根本、掌握文化产业政策与法律为重心的标准，分为文化产业专业人才、文化产业政策人才和法律人才。

（二）文化产业人力资源的特点

文化产业的人力资源和其他资源相比，其特点突出表现为智力性、能动性、资本性、高增值性、再生性。文化产业人才是唯一起创造作用的因素，是文化产业存在发展、创新的动力，因此文化产业的人力资源具有智力性、能动性；由于文化产业需要投入大量的时间和财富对人才进行专业的教育或培训，在某段时间内又能源源不断地带来收益，因此文化产业的人力资源具有资本性；由于劳动力市场的价格不断上升，文化产业人才的投资收益率也在不断上升，因此文化产业的人力资源具有高增值性；由于人口的再生产和劳动力的再生产，个体的不断更替和"劳动力耗费—劳动力生产—劳动力再次耗费—劳动力再次生产"的不断转化，因此文化产业人才具有再生性。此外，文化产业的人力资源还具有两重性、时效性、社会性、消耗性等特点。

（三）文化产业人力资源的作用

通常来说，一个产业的资源主要由人力资源、物力资源和组织资源三部分组成。而企业的核心竞争力通常都是企业资源整合的结果。并不是所有的资源都能成为一个产业营造核心竞争力的基础，只有那些有价值的、稀缺的、难以模仿的和可开发的资源才是成就长期竞争优势的基础。人力资源是现代企业的核心资源之一，它具有其他资源不可代替的作用，主要表现在以下四个方面。

第一，稀缺性。人力资源的稀缺性，是相对于人力资源的有限性来讲的。人力资源的稀缺主要表现在两个方面：一方面是指人力资源的显性稀缺，指在一定时期一定区域内劳动力市场上具有某一特性的人才供给数量绝对不足，出现这种情况就很容易导致企业之间的人才的恶性竞争。另一方面是人力资源的隐性稀缺。由于人力资源在某种程度上往往呈现一种非均衡分布状态，其稀缺价值又很难用市场化标准来判断，在很大程度上依赖于企业的进一步培训和开发。事实上，现代企业良好的培训与开发机制是形成人力资源隐性稀缺的主要原因。

第二，价值性。任何一种资源要引起经济主体对它的需求欲望，就必须具有价值性。人力资源作为企业的重要资源之一，必须为企业带来价值的增值。例如，企业可以利用人力资源的价值性逐步降低企业成本，增加企业经济效益。现代企业必须重视人力资源开发与管理，必须就人力资源价值的最大化进行客观有效的分析，只有这样才能确保企业的长期竞争优势。

第三，难以模仿性。通常来说，企业人力资源的稀缺性和价值性能够为企业提供长期的竞争优势，并不断为企业营造核心竞争力，但企业的这种资源一旦具有很强的模仿性，企业就很难保持长期的竞争优势。因此，现代企业人力资源活动必须开发和培养难以被竞争对手模仿的人力资源特性，只有这样，才能不断巩固和加强企业的长期竞争优势。

第四，可实现性。任何资源都必须具备可实现性。企业只有通过教育和培训等手段，不断地开发和培养企业所有人员的潜能，才能最终使企业的人力资源保持长期的竞争优势。企业人力资源的管理不仅是通常意义上的招聘、录用、开发和培训等，更重要的是企业要通过这些手段实现人力资源的整合，营造出真正的核心竞争力。

对于文化产业而言，人力资源是发展的根本动力。人力资源的文化思想、知识技能、创造能力以及对外界的感悟能力使文化产业成为以创意为核心的智力密集型和技术整合型产业。文化产业的人力资源通过挖掘创意和开发文化资源，使文化资源变成文化资本。文化产业的人力资源能不断找到资本，运用巧妙的创意和有效的经营建立起不同国家、民族、地域文化资源的符号体系，形成文化品牌优势，带动开发后续产品，形成"上下联动、左右衔接、一次投入、多次产出"的产业链条，增强文化产业的核心竞争力，实现文化产业的可持续发展，创造巨大的经济效益。此外，文化产业的人力资源还能通过不断提升自己的管理能力、重视知识产权的作用，推进文化产业往规范化方向发展。

五、文化科技

（一）文化科技的定义及分类

一般而言，文化科技是指支撑文化创作生产传播的科学技术。

常见的基础文化科技的技术种类包括视觉技术、听觉技术、体感技术、文化数字化技术等。

此外，按照应用的领域文化科技可分为音乐科技、美术科技、舞蹈科技、舞台科技、文物保护技术、工艺品技术、印刷技术、电影技术、广播电视技术、图书馆技术、博物馆技术等。

（二）文化科技的特点

相较于文化产业的其他要素，文化科技是文化产业的重要推动力，具有复杂性、先进性、多样性、依赖性等特点。文化科技涉及云计算、大数据等复杂且先进的技术，其复杂性和先进性就比较突出。文化科技涉及文化艺术、新闻出版、广播影视、创意设计、网络与新媒体等各个领域，涉及文化内容的创作、生产、管理、传播与消费等环节，涉及提高文化产品的创造力、表现力和传播力，保护开发共享文化资源、保护知识产权、监管文化安全、评价文化诚信等文化管理共性技术，其多样性和依赖性就比较突出。

（三）文化科技的作用

文化科技是文化创作、传播的主要载体和驱动力，是提升文化产业竞争力的重要手段。文化科技能促进文化领域关键技术的研究，促进文化艺术新闻出版、广播影视等传统文化产业的优化和升级，推动创意设计、网络文化等新兴文化产业的培育和发展，提升文化资源传承和保护、公共文化服务、文化市场管理等文化事业服务的能力。在文化产品方面，文化科技能降低文化产品的成本，使文化产业具有明显的竞争优势，为文化产品和文化相关产品的差异性提供更好的平台。文化科技能创新文化产品的流通方式，比如，不断更新印刷、广播、电影、电视、网络与新媒体、卫星通信技术等，使文化产品的流通在空间上更具立体性、在时间上更具即时性、在手段上更加现代化。

六、管理

（一）管理的定义及分类

产业管理作为管理的重要组成部分，就是对产业进行规划、组织、协调、沟通和控制的一种管理过程，包括产业政策、政策类型、产业规制、行业管理等。管理可以分为行政管理、社会管理、工商企业管理、人力资源管理等。

我国一般把管理从宏观上分为计划、组织、领导、控制四个方面。计划是指对未来的活动进行规定和安排，是首要职能。组织是为了实现既定的目标，按一定规则和程序而设置的多层次岗位及其相应人员隶属关系的权责角色结构。领导主要是指在组织目标、结构确定的情况下，管理者如何引导组织成员去达到组织目标。控制职能就是按既定的目标和标准，对组织的各种活动进行监督、检查，及时纠正执行偏差，使工作能按照计划进行，或适当调整计划以确保目标的实现。而对于文化产业而言，其管理可以分为国家对整个文化产业的管理、文化产业作为一种业态的自我管理、文化产业不同行业的管理和文化企业内部的管理。按照文化产业的管理内容分为文化资源管理、文化信息管理、文化产品管理、文化服务管理、文化品牌管理、文化产业投融资管理、知识产权管理、人力资源管理等。

（二）文化产业管理的特点

相较于文化产业的其他要素，管理要素从宏观上把握文化产业发展的方向。此外，文化产业管理还具有综合性、融合性、变革性等特点。国家对文化产业的管理要综合考量文化产业在全球、中国以及其他国家和地区的不同发展情况与经验，在新闻出版发行、广播电视电影、文化艺术、文化信息传输、文化创意和设计、文化休闲娱乐、文化用品生产等领域的比重和整体发展状况。管理要融合政策、法律、技术、金融等领域的知识，融合性就很突出。此外，文化产业的管理要随着先进思想、先进技术、先进产品的变化而采取新的管理思想、管理技术、管理措施，变革性也就较为突出。

（三）文化产业管理的作用

管理是文化产业的"导航"，指导文化产业沿着正确的方向行驶。良好的管理机制是文化产业健康发展的重要保障。文化产业的管理能够为文化产业制订详细而周密的发展计划，建立一个总体发展战略目标，整合并协调各项活动；能够根据文化产业发展的要求组织人力资源、文化科技、资本、政策等要素，并制定适应文化产业发展规律的制度规范约束违规操作等行为；能够控制文化产业的实际运作符合原定计划，考核发展成效；能够指导文化产业利用全球文化产业发展带来的新机遇，应对新问题的挑战；能够解决政府与企业、企业与企业、企业与群众等之间的冲突；能够组织、指挥、协调文化产品的生产、销售、品牌塑造等工作。

七、政策

（一）政策的定义及分类

政策通常是指国家政权机关、政党组织和其他社会政治集团为了实现自己所代表的阶级、阶层的利益与意志，以权威形式标准化地规定在一定的历史时期内应该达到的奋斗目标、遵循的行动原则、完成的明确任务、实行的工作方式、采取的一般步骤和具体措施。而文化产业政策是指国家文化产业行政机关为了促进本国的经济繁荣和文化可持续发展，调整文化产业结构，规范文化产业活动而制定的政策。文化产业的政策按照政策行政级别分为国家文化产业政策和地方文化产业政策，按照政策的影响力分为宏观政策和行业内政策，按文化产业形态可分为新闻出版政策、广播影视政策、文化艺术政策、网络与新媒体政策等。

（二）文化产业政策的特点

文化产业的相关政策可以分为宏观层面的战略性政策和微观层面的操作

性政策。根据美国匹兹堡大学教授威廉·邓恩的观点，战略性政策是一种一旦实施其决策结果相对而言就不可逆转的政策，操作性政策决策的结果相对容易逆转，并不涉及在较高层级上面临风险和不确定性的政策。具体而言，前者解决的是"要不要发展"的问题，后者解决的是"如何发展"的问题。

目前，国家多项宏观政策对现代文化市场体系建设和文化产业发展做出了具体要求和明确关照，但是文化产业实际发展所需的操作性政策滞后，使文化产业市场体系面临战略地位突出而实操性政策不足的矛盾处境。

1. 宏观层面

战略性政策指向鲜明。面对机遇与挑战并存的国际国内经济社会发展形势，我国的相关方针政策凸显了与以往历史时期以及其他国家所不同的中国特色。转型期文化体制改革深入展开，这对现代文化市场体系建设和文化产业发展做出了具体要求和明确关照，凸显了文化产业市场体系建设的重要性与紧迫性。

充分发挥市场在资源配置中的决定性作用，健全现代文化市场体系，是当下全面深化文化体制改革的重要方面。自我国开始文化体制改革以来，建成统一、开放、竞争、有序的现代文化市场体系就一直是文化体制改革的任务之一。随后，党在十八大报告、十九大报告以及"十三五"规划中都强调了要深化文化体制改革，健全文化产业体系和文化市场体系。文化产业市场体系作为现代文化市场体系的重要组成部分，无疑是文化体制改革的重要方面。

2. 微观层面

操作性政策供给不力。目前文化产业市场体系相关政策在解决"如何发展"的问题上存在明显不足，即表现在供给端政策制定不到位，也表现在具体实施过程中政策推行不力，难以对接实际发展需求。这使得文化产业更加难以突破资金、技术、人才的瓶颈，阻碍了其现代化市场体系的建设进程。

（三）文化产业政策的作用

文化产业政策具有指导、规范产业发展和引导促进精神文明建设的社会效用。文化产业政策既是针对创意密集和劳动力密集产业而进行市场规制的依据，又能够对具有精神价值的产品的生产产生重要影响。文化产业政策的制定既要尊重政府政策的一般规律，又要尊重文化艺术的特殊规律。因此，文化产业政策的制定、执行和发展，要采用现代政府公共政策治理的方式，在合法的前提下，实现文化产业政策的外部效益和内部效益最大化。

第二节　文化产业的发展模式

一、市场、资本先导型模式

市场、资本先导型模式即消费者需要某一文化产品、服务，产业就提供某一文化产品、服务，并且以雄厚的资金制作精良优质的产品为主导，发展文化产业。这一类型的文化产业需要加强对消费者的引导，培养消费者良好的文化品位，不断提高其消费文化产品、服务的水准。需要形成竞争机制，促进文化产品通过市场选择优胜劣汰。需要整顿和规范文化市场秩序，保护知识产权，保护和激发文化原创精神。市场、资本先导型模式的典型代表是美国，其版权产业强调文化产品生产与销售的高度市场化和政府干预最小化。

美国版权产业以全球为市场，集聚全球资本，严格按市场规律办事，实现利润最大化。以美国为例，每家电影公司习惯将全球视为其电影市场。早在2012年，美国电影就占到了全球票房的64%，其《变形金刚》系列、《速度与激情》系列、《美国队长》系列等一直在全球范围内热映，不仅屡创当地票房收入纪录，还带来了广告、音像制品、软件、游戏、玩具、主题公园等综合收益。

此外，美国版权产业在全球范围内集聚资本，不仅集聚了英国、德国、澳大利亚等国的资本，还集聚了中国的资本。比如，在美国电视剧《蝎子网络》中，美国的公司和中国阳光七星娱乐集团子公司完美风暴各占50%的股份。

当然，完美风暴的进入也开启了中国公司进入美剧制作领域的先河。此外，从市场上获得的利润和集聚的各方资本又会用于引进人才，研发新的技术、设备等，制作更加精良的文化产品，刺激人们新的需求，最终促进整个文化企业不断转型升级，发展壮大文化产业。

二、文化资源先导型模式

文化资源先导型模式是指以文化资源的存在为前提和核心要素，伴随文化资源的开发而兴起壮大的文化产业。文化资源先导型模式一方面表现在国家利用本国文化资源发展文化产业，如法国、中国。法国抓住孟德斯鸠、伏尔泰、卢梭等形成的文学特色，法国大革命所遗留的"自由、平等、博爱"思想，卢浮宫博物馆、巴黎圣母院大教堂等文化遗产，葡萄酒、香水、时装文化等发展本国特色文化产业。中国地大物博、历史悠久，拥有丰富的文化资源，常采用文化资源先导型模式发展本国特色文化产业。

中国中西部地区由于经济发展的滞后性和地理位置的特殊性，保留了许多具有浓郁地方特色的原生态文化资源。这些地区利用资源的独有性和稀缺性，吸引来自全国各地的资本、技术、人才等开发文化资源，形成了以特色资源带动发展的文化产业模式，如著名的"丽江模式"。丽江按照"原貌恢复，修旧如旧"和"切实保护古城的历史、文物和艺术价值"的原则，以当地丰富的文化资源为突破口，将丽江丰富的文化资源与当地旅游产业相结合，发展成为一个"世界级精品旅游胜地"。

文化资源先导型模式还表现在利用全球文化资源，如日本动画片《白蛇传》取材于中国古老的民间传说；而《圣斗士星矢》则来源于希腊神话和北欧神话；《星座宫神话》《圣传》《孔雀王》等则借用印度的神话。尤其是借用希腊神话文化资源的《圣斗士星矢》从1985年12月就开始漫画连载，到1990年11月结束，然后又开发了动画片、游戏、玩具等周边产品，为作者、制作公司、电视台、玩具生产商等带来了综合收益。

三、创意人才先导型模式

创意人才先导型模式是以人的创意和知识创造为基础的产业发展模式。这种类型的文化产业依赖人和知识，具有"高附加值、高技术含量、高关联度""低能耗、低污染"特征，注重保护知识产权。

创意人才先导型模式一方面表现为国家重视培养创意人才，如英国。从1997年开始，英国就十分重视培养创意人才。2008年2月还专门发布了《新经济下创意英国的新人才》战略报告，提出要激发每个人的创意才能、缔造一流的创意企业、培养一流的创意人才，认为创意人才是创意产业的新鲜血液，要将创意融入工作。

英国政府实施"创意合作关系计划"，帮助儿童及他们的教师共同参与创意项目，启发儿童的创意精神。英国产业技能委员会的人才再造工程，为电影、电视和多媒体行业的人士提供电影摄制、编剧、动画、导演、作曲、录音等十个专门学科的上百门学习课程，有效地增强了这些行业的创新能力。一系列措施之下，英国利用创意及创意人才促进广告、建筑、古董市场、手工艺品、设计、时装、电影、互动休闲软件、音乐、表演艺术、出版、软件和电脑服务、电视和广播产业迅速发展。

创意人才先导型模式的另一方面表现就在于依靠部分创意人才打响品牌，而实际上整个产业或项目的运行要靠大量的甚至不知名的表演艺术人才、灯光艺术人才、程序设计人才、管理后勤人才。比如，梅帅元在广西阳朔、河南嵩山、湖南张家界、山东泰山等地铺开的山水实景演出《印象·刘三姐》《禅宗少林·音乐大典》《天门狐仙·刘海砍樵》《中华泰山·封禅大典》等，借助著名导演张艺谋、著名学者易中天等打开知名度，再利用其他人才维持项目的运转，从而吸引各地游客在当地消费，提高项目收入及当地的旅游收入。

四、文化科技先导型模式

文化科技先导型模式是以文化和科技的融合为主导的产业，通过不断的科技创新，从而赢得市场，最终实现社会效益和经济效益的发展模式。在一定程度上，科技的先进决定了文化科技先导型文化产业效益的实现。与其他文化产业类型相比，该模式的产业形态更为高级，其主要代表是广播影视业、网络与新媒体业、动漫业、游戏业。美国广播影视业、音乐业、网络与新媒体业之所以发达就在于集聚了来自硅谷的苹果、惠普、英特尔、谷歌等大型科技企业及主要高校研发的文化科技。比如，世界上第一部全电脑制作的电影《玩具总动员》就是由来自硅谷的乔布斯领导的皮克斯制作的。此后，《玩具总动员》第二部和第三部，也大量使用文化科技，并获得成人与儿童的追捧。随着文化科技在广播影视业、音乐业等的运用，这些产业也成为一个国家文化产业迅猛发展的排头兵。

此外，世界上最先进的 IT 技术和设计理念也会应用于游戏软件的设计和开发。早在 20 世纪 60 年代，麻省理工学院的史蒂夫·拉塞尔就将先进的电脑技术运用在一款名叫《星球大战》的电脑游戏中；20 世纪七八十年代，日本资深游戏设计师西角友宏也运用电脑技术设计视频游戏《太空入侵者》《银河帝国》等。

科技的进步丰富了游戏业的表现形式和文化内涵，推进了游戏业的发展。就像硅谷成为全球科技产业集聚中心是依靠斯坦福大学、加利福尼亚大学伯克利分校、加利福尼亚大学旧金山分校、圣何塞州立大学等汇聚了大量科技人才一样，文化科技先导型模式产业发展也需要高校汇聚科技人才，集聚高新技术，全力发展。这样，文化科技先导型模式就会成为未来文化产业的主要发展模式，对文化产业发展起到关键作用。

第三节　文化产业的主要商业模式

一、免费模式

（一）免费商业模式的本质规律

20世纪初期，免费商业模式就已出现，其中最具代表性的是吉利集团通过交叉补贴和捆绑销售模式开启了更大的市场。之后，随着互联网技术的发展，免费模式已成为一种全新的经济模式，被运用到商业运作的各行各业。

美国《连线》杂志前任主编克里斯·安德森认为免费商业模式并不是一种左口袋出、右口袋进的伎俩，而是一种把货物和服务成本压低到零的新型卓越能力。这与传统理念中的无偿有着天壤之别，"免费"其实是吸引客户流量的一种工具。免费商业模式的本质是基于互联网信息技术的推动，使其商品的边际成本趋向于零。

换言之，也就是商品生产者利用互联网信息技术的商品边际成本趋向于零的特点，通过免费的形式占领和扩大市场占有率，为后续获利打下坚实的基础。互联网技术的出现使企业采用免费模式成为可能。

同时，免费模式是一种注意力经济，在信息充裕的互联网世界中，消费者的注意力变得更加稀缺和珍贵。免费模式正是利用对不确定性和大众资源免费吸引用户的注意力，当用户数量一定时，对获取确定性和稀缺资源的用户收取相应的费用，以此弥补免费所带来的成本。在整个过程中，企业通过吸引消费者的注意力，进而完成注意力价值的交换，使之转换为经济价值。

当前，不同产业之间的跨界融合发展迅速，"互联网＋"文化已成为产业跨界发展的新形式，为了使跨界产业在发展前期获得一定的市场占有率，免费模式成为吸引消费者注意力的最好方式。如互联网文化产业在发展初期往往会采用免费模式作为一种强有力的营销方式，以此集聚用户，并增强用户黏性。

免费模式作为一种基于互联网技术发展形成的新模式，已成为企业获取用户流量的首要方式，也将是企业未来的发展方向。

（二）文化产业免费商业模式的特性

任何一种商业模式的诞生脱离不了当时所处的市场经济大环境。在"互联网+"时代，互联网产品的数字化和互联网的网络效应为免费商业模式营造了良好的生态环境。在"互联网+"背景下，平台型文化产业作为一种新型的产业同样也具备产品数字化的特性。

数字文化产品的成本主要包括智力创造性阶段所产生的高昂沉没成本和机械性复制阶段所产生的低廉边际成本。这就说明数字文化产品不仅能够毫无成本地进行复制，而且能够借助互联网摆脱其物质载体所带来的边际生产成本，此时文化产品的边际成本和边际销售成本正趋向于零。

同时表明数字文化产品的理论产量几乎为无穷大，表现出不受物质资源稀缺限制的巨大的规模经济性。这也使得克里斯·安德森在《长尾理论》一书中提出了颠覆性的观点：如果"价格等于边际成本"是市场规律，那么免费就不只是选项之一，而是不可回避的终点。

通过对数字商品的零边际成本特性的思考，得出来的结论是"免费"是必然趋势。因此，在竞争激烈的市场环境下，文化产品生产者应采用免费模式吸引消费者聚集于平台，之后利用外部性和互补交易对稀缺的文化资源收费以弥补免费所带来的成本。

此外，互联网具有网络效应，文化产业为了获得巨大的网络价值，免费提供部分产品和服务将会具有战略性意义，这也是免费商业模式所要追求和遵循的市场经济规律。

在"互联网+"背景下，平台型文化产业免费商业模式的形成战胜了传统的"一手交钱，一手交货"的经济模式，与传统的经济模式相比，平台型文化产业免费商业模式在文化企业和消费者之间收取现金的一环中加入了第三方平台，这个第三方平台可以是文化企业自身，也可以是专门的文化产业平台。

文化产业平台作为文化企业与用户之间的连接者，将自身的资源以免费的方式供消费者使用，以此获得海量的用户。同时，由于互联网的网络正外部性，平台用户的集聚也会使更多的文化企业进驻平台，二者之间呈正相关，当平台用户数量一定且具有依赖性时，文化企业通过对用户行为进行数据分析，有针对性地为用户提供个性化服务，并对个性化服务收取费用，以此获得利润。

二、BOT 模式

BOT（Build Operate Transfer）即建设—经营—转让，是指政府通过契约授予私营企业（包括外国企业）一定期限的特许经营权，许可其融资建设和经营特定的公用基础设施，并准许其通过向用户收取费用或出售产品以清偿贷款，回收投资并赚取利润；特许权期限届满时，该基础设施无偿移交给政府。

该模式涉及企业、银行、政府、民众等，适用于政府政策、法规条件好的市场，常用于企业与政府之间的大型项目，但有一定的时间限制。运用 BOT 模式要抓住政策、政治环境、经济环境、技术、资本、法律法规、产业链、项目公司经验、监管、管理等要素。英国谢菲尔德文化产业园就是 BOT 模式。

三、O2O 模式

O2O（Online To Offline）模式是将线上互联网与线下商业活动结合在一起，让互联网成为线下交易前台的一种电子商务商业模式，即"线上拉客，线下消费"。其核心理念是通过电子商务网站，把线上用户引导到实体商铺中，顾客可以在线挑选商品并完成在线支付，再到线下实体店享受优质服务。

此外，还有一种解释是由线下到线上，跟前者的流程相反。消费者是先在线下实体店选购或体验后，再通过线上的方式支付。

O2O 模式适用于自愿与网络平台合作提供线上服务的商家。运用 O2O 模式要抓住差别化的产品、服务、信息的有效传播、互联网技术、完善的产业链模式等要素，以保证推广效果可查和每笔交易可跟踪。

四、长尾模式

（一）长尾模式的理论基础

随着时代的进步和互联网技术的快速发展，人们发现一些专注于非热门小市场的互联网企业有时要比专注于热门市场的企业所获得的利润要高，而传统的"二八定律"却无法合理地解释该现象。

2004 年，克里斯·安德森首次提出了解释互联网企业运营模式的"长尾理论"，认为只要存储和流通的渠道足够大，需求不旺或销量不佳的产品共同占据的市场份额能和数量不多的热卖品所占据的市场份额相匹配甚至更大。

简单来说，长尾理论可以表示为数量—品种二维坐标上的一条需求曲线，曲线头部主要代表着占据消费者需求主体的少数主流产品或市场，长尾部分主要是能够满足消费者个性化需求的丰富种类的利基产品或市场。

长尾理论的出现使企业的经营理念由大众产品的生产转向利基产品的生产，注重满足消费者的个性化需求，实际上是一种需求方的规模经济，与传统经济的供给方规模经济有着较大的区别，即消费者成了企业产品生产的直接动力，具有产品选择的主动权。

（二）文化产业与长尾模式

在"互联网＋"背景下，文化产业长尾商业模式的出现是当今时代的必然结果。文化产品的数字化、文化消费者的个性化需求、文化市场的多元化以及互联网技术的出现为文化产业采用长尾模式提供了良好的基础条件。

在互联网时代，文化产品的数字化使文化企业的产品存储和流通成本接近于零，文化产品能够利用互联网进行跨地域、跨时空的传播。文化产品的这一特性正好满足了克里斯·安德森长尾理论中所强调的前提条件，即产品存储和流通的渠道需求足够大，也就表示企业的存储成本和流通成本趋向于零。

此外，随着人们生活水平的不断提高，消费者越来越重视自身的精神消费，并倾向于文化产品的个性化定制，于是出现了专门满足各种小众化消费者需求的文化企业，并且这些看似冷门的利基市场汇总所得的金额完全可以和主流文化产品市场相匹敌，甚至更大；文化产品种类的多样化正符合长尾理论中所表示的长尾部分，在长尾市场中，用户利用互联网技术或软件制作出的"微内容"，不仅延长了长尾理论中的尾巴，并成为长尾经济中的特殊产品。

同样，在长尾经济中，长尾的产生建立在产品种类丰富的基础上，也就是克里斯·安德森所讲的"富足经济学"。当前对于某一文化产业而言，除了主要的产品或服务之外，还存在着较多的利基市场，以及还未被发现的未知市场，文化产品的多样化正好符合长尾模式所要求的市场多元化。

总之，在"互联网＋"时代，文化产业与长尾理论的适用条件相契合，文化产业长尾商业模式的出现正是二者融合发展的结果。

（三）长尾效应引发的商业模式革新

随着互联网的普及，开发一个客户或产品的成本和开发一万个客户或产品的成本几乎相同，这也就导致原本不起眼的客户或产品所代表的份额如果汇总起来，甚至可以超过核心客户或产品所创造的利润。基于这种情况，长尾效应为文化企业提供了新的营利方向，并对文化企业商业模式的价值主张、客户目标、渠道通路等构成要素产生了重要的影响，引发文化产业商业模式的变革。

1. 价值主张

在传统经济"二八定律"的作用下，企业主要大规模生产热门产品，其原因在于大规模生产能够降低企业的产品成本。而当时产品供需不平衡的社会背景（供给小于需求）又使得产品生产者只关注未饱和的主流市场，对文化产品的生产并未重视。随着网络时代的到来，消费者的生活方式和消费方式发生了翻天覆地的变化，主流消费市场逐渐趋于饱和。在这种情况下，长尾理论的出现使人们意识到繁荣文化市场的重要性，传统的文化企业开始改变以往的单一生产方式，逐渐转向产品的个性化定制，由以企业为主导的经营方式转向以客户为主导，并且提出客户价值最大化的价值主张。此外，长尾理论的提出丰富了文化产品种类，加速了互联网与文化产业的融合发展进程，新的文化业态层出不穷，如微电影、DIY 等。同时长尾理论的提出影响了文化企业管理者的思维模式，改变了企业产品生产的战略，使产品生产更关注个性化的专门市场，以及为消费者提供定制的文化产品或服务。

2. 客户目标

客户是企业利润的直接对象，在传统经济环境下，企业的利润获得主要来自20%的核心客户，在整个的产品销售过程中企业掌握着主动权。互联网时代，长尾效应的出现使文化企业意识到"二八定律"中被忽视的80%的客户的重要性，企业所拥有的客户群成为企业利润评价的重要指标。同时，文化企业由以企业为主导的供给经济向以客户为主导的需求经济转变，而客户目标的确定也会通过严格的市场调研和企业的经营战略方向进行细分，市场潮流的追随将不是企业营利方式的首要选择，客户价值的最大化将贯穿企业经营的始终。

当然，企业生产热门产品能够在短时间内带来丰厚的利润，但随着其他企业的进入，单个企业所占据的市场份额不断缩小。相反，需求曲线尾部的长尾市场被挖掘的程度较浅，其市场未达到饱和的状态，文化企业对该市场进行挖掘能够获得更多的客户，文化企业也应更加注重利基市场进行开发，抓住在传统经济下所忽视的80%的客户并且利用互联网技术为其提供个性化的产品或服务，增加文化产品内容的创意，提升其价值。

3. 渠道通路

长尾理论是基于互联网技术的出现而提出的，文化产业长尾商业模式的价值创造过程必然离不开作为渠道通路连接企业与客户的互联网。互联网的正外部性有效实现了客户的集聚，扩大了企业的客户群体。文化企业为了能够壮大自身规模，加快互联网与企业的融合，因此出现了面向广大群众的不同类型的开放式平台型文化企业。

与传统的文化企业相比，"互联网＋"背景下的文化企业为了进一步延展长尾，借助互联网技术缩短文化产品生产者与客户之间的距离，改变传统的信息传递和产品流通的渠道，有效进行信息的交流，推动文化企业的发展。长尾效应对于文化产业商业模式构成要素最直观的影响是渠道通路的变革——出现了互联网平台，文化企业与用户之间的交往更加便利。

五、平台整合模式

平台整合模式是整合市场、文化资源、人力资源、资本、技术、管理等要素，为文化产业经营者提供一定的平台，使更多的资本、技术、人才集聚，形成品牌效应，从而优化各类资源，推动文化产业发展繁荣的模式。平台整合模式适用于具有强大财力、人力、物力资源的企业。

运用该模式需要充分抓住通信技术、网络技术、影视技术、储存技术、运输技术等技术要素，集商品、商家、市场、网站、物流为一体的一条龙服务的产业链要素，能够不断推陈出新的创意人才要素，协调商家保证市场的诚信管理要素等。"阿里巴巴"和"猪八戒"就是典型的运用平台整合模式的企业。

六、公益导入模式

公益导入模式是指利用政治、文化、社会、生态等方面的公益事件、概念等，吸引人力资源、资本、技术、管理、政策等文化产业的一级要素，汇聚品牌、版权、服务等文化产业二级要素，开拓市场，从而获得效益，并敦促实现公益的目的的模式。

该模式要求对各种公益做一些详细的了解，找准公益所针对的对象及其需求、特点等，并据此选择文化产业的要素，形成符合人们需求的产品。该模式的典型代表就是中国电影集团公司原董事长韩三平推出的具有公益性质的影片《建国大业》。

当时，韩三平考虑到人们希望以娱乐方式观影并了解中国的一些历史常识，就利用主流题材、政治影响等公益概念，吸引黄建新导演、170多位职业演员、80多位一线演员等人力资源，再借助导演与明星的市场号召力、国家宣传机器的强力营销、集团组织观影等策略，扩大了《建国大业》的市场。

事实上，2009年9月17日，在公益导入模式下推出的《建国大业》首映半日票房就达1477万，创造了首映日票房新纪录，首周累计放映4天半，拿到1.24亿元票房，同样刷新了国产片首周票房纪录。截至2014年8月14日，《建国大业》总票房达4.16亿元，观影人次达1305万人，放映场次达24.9万场。韩三平运用公益导入模式不仅让投资只有 3700 万的电影收回成本，还真正实现了公益的目的。

七、文化授权模式

（一）文化授权模式的主要类型

文化授权作为与文化内容相关的知识产权的转移、开发和价值创造的活动，涵盖了当前国际现有的授权行为中的大部分类别。而授权方式也从传统的直接授权、间接授权转变为现在的授权要约、开放获取等新型授权方式。这里主要对非客观对象的文化授权模式类型进行进一步细分。

1. 直接授权模式

直接授权模式是指授权方与被授权方之间并不存在代理机构，既可以是正向的授权方寻找被授权方，也可以是被授权方向版权拥有者提出授权申请，如作家将某本书的版权转让给出版社，授权出版社出版发行书籍的正向授权，或者是下游产业的各类生产制作商主动提出获得当下热门 IP 以及潮流卡通形象版权代理权限的反向授权。

此外，在直接授权模式下又衍生出了一种新的模式，即"交叉授权"模式，比较典型的就是超星在线数字图书馆，这种授权模式之间的授权行为是相互的，是权利的交叉转让，即作家将版权授权给超星数字图书馆，超星阅读器为作家提供 10 年期读书卡，可让作家免费使用超星数字图书馆的资源。

2. 代理授权模式

代理授权模式就是在授权方和被授权方之间加入了一个中间的版权代理人或者专门的版权代理机构，代表被代理方（版权拥有者）来执行在授权行为中的一系列事项。代理授权模式相较于直接授权模式的优越性就在于代理人或代理机构可以凭借自身的专业能力与在代理授权中积累的经验帮助授权方处理好授权相关的事项。

3. 著作权集体管理模式

随着互联网信息技术的发展，个人表达欲望的高涨，作品数量呈现出爆炸式增长，传统的"一对一"授权模式已经难以解决大批量作品的授权问题，著作权集体管理模式凭借集体管理和集中行使权利的优越性，逐渐成为版权授权的重要方式。著作权集体管理模式是指："著作权集体管理组织经权利人授权，集中行使权利人的有关权利，并以自己的名义与使用者订立著作权许可使用合同、向使用者收取使用费、向权利人转付使用费、进行著作权及相关权利的诉讼、仲裁等活动。"

当前，我国的集体管理组织主要包括中国互联网协会网络版权联盟、中国音乐著作权协会等。著作权集体管理模式一般带有垄断色彩，受到国家管制，并且需要遵循会员登记制度。集体管理的方式虽然能够有效地大批量地降低版权交易成本，提升授权效率，但由于实行的是会员制，当前版权拥有者是否愿意将作品版权授权给组织存在比较大的疑虑。

4. 授权要约模式

授权要约模式是在数字化技术发展环境下兴起的授权模式，能够比较好地适应互联网迅速发展带来的海量信息资源的状况，降低版权授权带来的巨大的交易成本，并维护好版权拥有者的权益的新型授权模式。授权要约模式一般出现在出版行业，尤其是在当前传统出版面临着数字出版行业的冲击时，授权要约模式的优越性展露无遗。

首先对版权者而言，授权要约声明的制定能够降低版权者寻找被授权方的信息成本；其次对于使用者而言，要约声明的制定能够为版权使用者提供便利，即任何机构和个人想要对该作品进行传播或者声明中规定的其他相关权利，在接受要约声明的条件下，就可以按照合同规定合法自由地使用相关权利，不用与作者做任何交涉；另外，授权要约模式中，要约声明通过对授权费用和支付方式的确定，将从版权使用者处获得的收入通过授权代理机构转交给版权者，版权代理机构的加入能够帮助作者对版权进行保护。

5. 开放式许可模式

从字面上的意思来说，开放式许可模式就是放弃对自身版权的保护，让其他人可以使用版权进行产品开发等行为。郭慧琴指出，开放式许可模式不仅影响软件作品的生产和传播模式，而且还能够影响传统作品的创作和传播，在网络环境下，交互式创作大量发生，比如，动漫、影视等同人作品的创作与开发都需要获得版权授权，而开放式许可模式为产品的二次开发提供了共享创意的许可证。

（二）文化授权模式的功能

互联网信息技术的发展和知识经济的兴起为我国文化产业发展提供了极大动力，文化产业要实现真正的发展就要提高自身的原创力，创造出有内涵的文化产品，提供完善的文化服务，并且发挥出文化产业对其他相关行业的辐射带动作用，推动我国文化产业走出去。而文化授权模式就是实现文化产业迅速发展的重要途径，像一些著名的文化企业，如迪士尼、华纳兄弟等，都通过授权行为实现文化产业价值链的延伸和企业品牌价值的不断增值与扩张。

可见，文化授权商业模式不仅是一种能够有效保障知识产权的市场经济机制，同时作为一种新型的经营行为方式，它也能够实现文化艺术与其他业态的融合，从而促进文化产业自身的迅速发展，实现国民经济的稳步发展。

当前，我国文化产业的发展需要主动承接国外优质品牌 IP 的授权，以增强自身文化企业的实力和提升文化产品的竞争力，扩大文化企业的影响力，但同时更加需要创建自身的文化产品原创独立品牌，通过增强自身的原创力和竞争力，实现文化授权承接方向文化授权方的转变。

八、连锁模式

连锁模式是指经营同类商品或服务的若干个企业，以一定的形式组成一个联合体，在整体规划下进行专业化分工，并在分工基础上实施集中化管理，把独立的经营活动组合成整体的规模经营，从而实现规模效益的经营模式。文化产业的连锁模式可分为直营连锁（或正规连锁）、自愿连锁（或自由连锁，即各店铺资本所有权独立，采用共同进货、协议定价的一种商业横向联合模式）、特许连锁（或合同连锁、契约连锁、加盟连锁，即以单个店铺经营权的授权为核心的连锁经营模式）。

连锁模式具有市场范围大、可扩大到各个领域、受众的认可度较高、不受时空限制、成功率高、已形成品牌、可资源共享等特点，适用于资金较为雄厚、市场需求规模大的企业。运用该模式需要抓住市场、可用资金、管理、品牌、规模等要素，尤其要抓住品牌要素扩大规模。腾讯、万达、保利、华侨城等是运用连锁模式的典型企业，比如，腾讯在广东有腾讯大粤网、在湖北有腾讯大楚网、在陕西有腾讯大秦网等；万达在全球有万达院线、万达影视产业园区、万达文化旅游区、连锁娱乐企业等；保利在全球连锁经营国际影城、拍卖、文化地产等；华侨城在全国连锁经营欢乐谷和文化地产。这些企业都通过连锁获得巨大收入。

九、文化电商模式

（一）文化电商模式的本质

电子商务平台的兴起改变了人们的消费行为和生活方式，而随着知识经济和网络经济时代的到来，文化产业的蓬勃发展使得人们不断追求更高品质的精神文化消费。文化电商模式迎合了互联网信息技术和文化产业发展的趋势，发挥了电子商务的优势，通过文化企业平台的建立，在开放的网络背景下，为人们提供精神文化消费产品或服务。文化电商模式是指文化企业以互联网为平台，在开放的网络背景下，为消费者提供精神文化消费的各种网上活动。

陈少峰指出："文化电商是指先经过文化的包装、文化内涵的渗透，然后再成为电商。"文化电商的本质就是"文化+""互联网+"和商业贸易等结合起来的新型商业模式，是文化产业与互联网思维紧密结合的重要表现形式，正逐渐受到商界和学界的重视。

作为互联网与文化产业深度融合的文化电商将是互联网发展的新方向。此外，文化电商模式的出现则是对文化与科技跨界融合、文化产业发展范式转变的一种举证。文化电商模式通过电子商务的形式来发展文化产业，文化产品不再像以往一样，只能通过线下购买和体验，而是能够通过大数据处理技术来处理相关的信息资源，迎合消费群体的文化消费需求，从而进行文化产品内容的提升和形式的创新，并且还能够实现文化企业线上与线下两条渠道的结合，延伸文化企业价值链。

（二）文化电商模式的类型

文化电商模式是互联网与文化产业相结合的重要形式，是互联网信息技术发展与文化产业发展的结果，是解决传统电商企业价格战、提升产品服务质量、满足居民文化消费需求的重要途径。文化电商模式既可以是文化产业主动与电子商务的融合，文化企业设置自身的电商平台来进行产品服务的提供，也可以是电商平台主动与文化企业进行合作，提供相关文化产品的购买渠道。以下从文化电商所涉及的领域将文化电商模式分为艺术品电商、媒体电商、网络音乐电商、非遗电商等模式。

1. 艺术品电商模式

随着"互联网+"思维的深入发展，中国的艺术品市场也开始进入互联网时代，出现了艺术品电商新形式。艺术品电商是指利用计算机技术、网络技术和远程通信技术，以实现艺术品交易电子化、数字化和网络化的商务活动。简言之，是传统艺术品交易商业活动各环节的电子化、网络化、信息化。

艺术品电商作为文化电商的重要组成部分，对于满足居民精神文化消费需求，提升产品消费的文化附加值具有重要意义。实际上艺术品电商是通过PC端的平台打造或者是借助移动社交平台来实现移动电商平台打造的，本质上是艺术品文化价值的一种传递，不管是通过艺术品拍卖实现艺术品内在文化价值从创作者传递到消费者手中，或者是通过租赁的方式实现使用权的暂时转让，还是基于消费者消费需求来进行的艺术品个性化定制，都是平台用户文化需求的满足。

2. 媒体电商模式

媒体电商，是现代媒体与电子商务联合的新型商业模式。当前，"媒体＋电商"模式正受到媒体业、导购网站和电商网站等的关注，并且电商媒体的跨界融合不仅体现在网络媒体与电商以及纸质媒体与电商的融合上，还体现在电台、电视台与电子商务的加速融合上，如淘宝网与 B 站合作、阿里巴巴集团入股新浪微博、京东商城推出"京东出版"系列图书、《女神的新衣》等电视节目的推出。

另外，移动社交媒体与电商的融合也成为电商媒体跨界融合的重大趋势，如以微信为主要承接平台的微商。当前电子商务网站的模式主要为"广告—流量—转化销售"，媒体又可以发挥自身强大的宣传能力和用户群体优势。因而，将媒体与电商融合起来，能够有助于降低电商企业在吸引流量与用户上花费的成本，同时还可以充分发挥媒体优势，创新电商盈利模式。

3. 网络音乐电商模式

网络音乐电商模式主要是对互联网信息技术和数字化技术发展环境下版权交易活动的疏漏部分的补充，可以直接依托自身原有的网络音乐平台来构建，并借助电商模式将权利人和平台之间的版权交易移至线上进行，简化了版权交易中的流通过程，降低了版权交易模式中的交易成本。网络音乐平台为版权交易主体提供了交易场所，并不直接参与版权转移的过程，而是将权利人和消费者或者版权使用者集中在同一个平台之上，使得权利人可以直接和其他两方主体进行对接。

首先，网络音乐平台通过之前的运作集聚了一定规模的用户群体，网络音乐平台的电商化转变，可以使得权利人与音乐使用者连接起来，进一步减少版权交易的中间环节；其次，网络音乐平台上集聚了大量的音乐资源，这些音乐资源是平台购买之后放入音乐库中以供消费者免费试听或者下载的。在网络音乐电商模式中，音乐平台上的音乐资源仍然属于版权权利人，有些资源可以免费试听和下载，但是部分资源就会实行收费模式，即权利人直接向消费者收费。

这种模式在国内网易云音乐平台上也有出现，另外也有一些音乐人会通过网易云音乐来进行数字音乐专辑的发布，也是需要付费才能试听和下载的。

这些操作都体现出音乐产品消费的付费化趋势，为之后网络音乐电商模式的发展奠定了基础。

4.非遗电商模式

非遗电商模式其实与艺术品电商模式有着不可分割的联系，但是相较于艺术品电商侧重于文化艺术品的消费交易行为而言，非遗电商更加侧重非遗文化信息的传播和在文化传承的过程中实现文化价值向经济价值的转化。

非遗传承和电商交易平台并不是两个割裂开的主体，网上交易行为建立在对非物质文化遗产了解的基础上，该平台将非遗文化普及作为文化消费的前置环节，非遗文化传播与电商交易形成了一个完整的文化电商生态系统，非遗产品的文化价值在消费行为中得到了充分的展现。

非遗电商作为文化电商的重要组成部分，其产品文化附加值的高低、产品质量的优劣、是否有完善的售前、物流与售后服务是决定非遗电商成功与否的关键。文化电商平台上的消费者消费行为对文化企业的生产计划依然产生一定影响，但是相较于其他文化电商模式有所降低。如果能将非遗电商平台和线下非遗文化体验园紧密结合起来，O2O 文化电商模式的实施将更加有利于非遗电商竞争力的提升。

除上述商业模式之外，常见的模式还有二次售卖模式、网状结构模式、产品金字塔模式、产品开门模式、定制模式、复制模式、直销模式、OBM 模式等，不同模式适用于不同行业、企业，帮助其实现盈利目标。此外不同的文化行业，如文化艺术、新闻出版、广播影视、网络与新媒体、创意设计、动漫游戏、文化旅游、体育、会展等也有自己的独特模式。如果这些行业的操作者在掌握基本模式的基础上，能快速复制、模仿、更新前述模式就能较快地获得收益。

第四节　中国文化产业发展的特殊性

一、文化资源丰厚

我国地大物博，历史文化悠久，具有丰富多彩的民族民间文化资源，为文化产业发展奠定了坚实的物质基础，这是其他国家无法比拟的。文化产业的发展必须以文化资源为基础，文化资源是发展文化产业最重要的基本要素。中华民族有着悠久的历史文明，五千年的中华文化源远流长，丰富多彩，举世公认。经过长期的积淀，形成了中华民族特有的文化和文明底蕴，不仅使中华民族的传统文化屹立于世界文化之林中，而且为文化产业的发展提供了丰富的价值资源。

（一）自然和人文景观多姿多彩

中国地形地貌复杂多样，加上五千年灿烂文明的历史积淀，使得中国的自然景观和人文景观多姿多彩，为中国文化发展积累了丰富的素材。

在经济全球化背景下，这些文化遗产将是参与未来文化竞争的品牌，大大促进了文化旅游业的发展。比如，山西平遥古城，在被列入《世界文化遗产名录》之前，年旅游收入不到 20 万元人民币，但被列入世界文化遗产名录之后，年旅游收入大大增加。

（二）文物和典籍举世惊叹

中华民族五千年的文明史，留下了大量的文物、典籍及人物遗迹，可以作为当代文化产业发展的宝贵素材。

中国是世界上著名的四大文明古国之一，在久远而辽阔的时空进程中创造了极为丰富的文化财富。中国人凭着勤劳、坚韧、勇敢、顽强、聪明、智慧等优秀品质，在建立人类文明、推动社会进步、创新世界的过程中取得了丰硕的成果。浩如烟海的典籍、举世惊叹的遗存、卓越非凡的发明，构成了当代文化产业的最好素材。

（三）进行产业整合的效益好

一些文化资源相对稀缺的国家如日本、韩国，却成为文化产业大国，这说明文化资源大国并不等于文化产业大国。在发展文化产业过程中，如何充分挖掘利用丰富的文化资源，始终保持中华民族优秀文化的灿烂辉煌，是一个十分重要的问题。

丰厚的历史文化积淀为文化产业发展提供了丰富的资源，发展文化产业需要做的，即如何从消费市场和现代产业角度提炼文化资源的市场价值要素，并进行有效的开发和利用。"中国文化产业的未来，最终将建立在对文化资源进行产业整合的基础上。"

我们既要坚持和弘扬民族文化的传统，又要不断为传统文化注入新的时代气息，满足现代人的审美情趣，创造新时代的中国文化，使中华文化充满旺盛的时代感染力和生命力，创作出观众喜闻乐见的文化产品形式。例如，桂林的大型实景表演《印象刘三姐》，以其新颖、独特的创意独树一帜，创造了一个全新的艺术形式，令观众耳目一新，给人一种振奋性的文化、艺术、感官冲击，受到国内外观众的欢迎，获得了很好的社会和经济效益。

那么，我们还可以思考，像春节这样的中国传统节日，能否经营成一个广受中国甚至世界人民欢迎的民族文化品牌，逐渐形成一个大的国际性节日，围绕春节打造包含过年、生肖、标识、音乐、表演、展览、饮食、服饰、鞭炮、通信等内容的庞大的产业链，形成国内外相连的春节文化产业？另外，像京剧这样的已经广为人知的艺术形式，能不能成为具有市场意义的品牌产品？《三国演义》《西游记》《水浒传》《红楼梦》这样的名著能不能在多种形式上形成品牌性文化产品？

（四）民族特色品牌前景广阔

政府制定政策，真正扶持具有民族特色的文化创意产业。如北京，应深入搜寻四合院的文化资源，除了保护建筑以外，挖掘前门、大栅栏地区的人文资源，扶持部分当地民间艺人，用活的人文资源传承老北京的文化。

政府应重点扶持特色品牌。香港曾斥资1亿港元在湾仔茂萝街展开"旧区活化"项目，协助推进文化创意产业发展；其他省市也将文化创意产业纳入重要支柱产业中，如广西的《印象刘三姐》、甘肃的《丝路花雨》、河南的《风中少林》等，都让国内外震撼。这些都是文化创意的典范，也是政府重点扶持的结果。

二、高新技术广泛应用

网络技术、通信技术和数字技术不仅促进新兴文化产业的发展，也被广泛应用于传统文化产业，成为促进传统文化产业升级的重要动力。网络技术和数字技术进入音乐产业，使我国音乐产业获得新的生机。唱片业、中国原创音乐正在与网络、无线下载融合并产生可观的经济效益，而5G时代的到来和手机音乐播放功能的不断加强则预示着未来更大的市场。

网络技术和数字技术应用给新闻出版产业带来深刻的变革，互联网图书出版作为一个新兴的出版行业，其发展潜力日益显现。以互联网为载体，学术文献数据库出版、游戏出版、教育出版、音像出版、网络原创文学、电子图书出版、网络出版等都呈现出良好的发展势头。

数字技术也被普遍应用于演出业，极大地丰富了舞台艺术的表现手段和艺术魅力。如大型山水实景剧《印象刘三姐》《印象西湖》，多媒体梦幻剧《时空之旅》等，都大量运用了数字技术，实现了艺术和技术的结合。

可以预计，以信息产业带动文化产业将成为促进我国文化产业发展、提升我国文化产业竞争力的主要方向。

三、市场空间巨大

消费市场是文化产业发展的基础条件，我国的文化产业具有得天独厚的国内外市场优势。国内有着巨大的文化消费市场，14亿人口具有巨大的文化产品和服务消费需求。同时，我国文化在国际上的影响力也为开拓国际市场奠定了基础。

（一）国内市场空间

我国是世界上人口数量最多的国家，对文化产业发展而言，具有其他国家和地区无法企及的世界上独一无二的巨大的国内文化消费市场。同时，由于我国拥有几千年相对独立的文明发展史，即使19世纪以来，西方国家在各个方面各个领域都对我国产生了广泛的影响，但我国人民在生活方式、价值观念、语言使用方面，仍与西方存在较大的差异。也就是说，在"地球村"的背景下，我国民众对我国文化产品消费的需求仍然是最为强烈的。这就决定了我国文化产品在本土市场上具有世界上多数国家和地区都不具备的巨大潜力。

2020年，我国人均GDP超过了7万元，折算成美元超过1万美元。随着人们收入的增长，我国家庭的恩格尔系数将继续下降。根据马斯洛的需要层次理论，在满足了较低级需要之后，高一级的需要就会成为人们追求的目标。精神文化需要是一种高级需要，在人们的基本生活需要得到保障之后，精神文化需要就会成为优势需要。因此，人们对文化产品和服务的消费需求将呈快速增长态势。据估计，14亿中国人中商业文化产品的消费人口至少有5亿。

我国有约1500万人经常使用网络教育产品，2500万人经常使用网上招聘产品，经常上网购物的人数为3000万人，手机用户有10亿多人，经常使用微博的人数已超过5亿。仅从这些数字就可以看出我国文化产业消费市场的巨大潜力。加上春节、"十一"长假、端午、中秋等节假日，人们的闲暇时间充裕起来，文化消费需求空前高涨。巨大的市场需求、14亿人口所蕴藏的巨大文化消费潜力，为文化产业的发展创造了无限的商机和广阔的空间。

随着新农村建设的推进，我国广大农村地区将成为文化产业发展的又一个新的广阔市场。如在东北的一些农村地区，"二人转"文化产业的成功例子已经显现出农村文化产业发展的端倪、市场潜力、现实可能性以及广阔前景。

（二）国际市场空间

在国际上，随着我国的和平崛起和综合国力的不断提升，我国与其他国家的政治、文化、经济交流和合作越来越广泛和深入，我国文化的国际影响力和感召力与日俱增，中华文化日益引起世界上越来越多的国家和人民的兴趣和关注。

世界上整个华人文化区和汉字文化圈对中国文化产品消费的选择和需求非常强烈，给中国文化产业的发展带来了很大的市场。世界上华语文化区众多，除中国大陆外，台湾地区有 2000 多万同胞，香港和澳门地区有 800 多万同胞，还有数千万华人华侨分散在世界各地，而受到华语文化、历史和现实影响的人口数量更是庞大。由汉字的诞生地中国以及周边的越南、朝鲜、日本等国家构成的汉字文化圈中，各国历史上都使用过汉字，所用语言大量借用古汉语词汇，受儒家思想影响深刻，国民中信仰佛教者众多，历史上或现在以汉字作为传播语言和文化的载体。

现在，朝鲜语、越南语和日本语词汇中六成以上都是由古汉语派生出的汉字组成的。这些华人文化区和汉字文化圈内的人们有着相近的文化、语言和历史，形成相似的价值观和审美情趣，对中国文化产品产生文化亲同性，这种文化亲同性使中国文化产业拥有了广阔的海外市场。中国可以充分利用这一庞大的文化圈，像韩国利用与中国相近的传统文化、道德准则、伦理思想在中国刮起一股"韩流"那样，发展影视出版业，发展中国的文化产业。

四、媒体融合

随着宽带和移动技术的广泛运用。新媒体与传统媒体既相互竞争又相互渗透，此前泾渭分明的行业分工日趋模糊，媒体融合成为媒体产业发展的趋势。具体表现为以下几个特点。

其一，传统媒体积极向新媒体进军。2006 年 1 月，投资上亿元的南方报业集团新媒体项目奥一网正式上线测试，该项目被认为是国内 39 个报业集团中最大的新媒体布局项目。

其二，传统媒体与电信和知名网络媒体联合。《广州日报》联合广东移动推出了手机报纸业务，推出彩信版、WAP 版、短信版和 IVR 语音版全防伪的手机报纸产品，每天为读者提供及时的新闻资讯和全方位的生活信息。

其三，新媒体向传统媒体渗透。2006 年 3 月，百度推出"泛媒体联盟"，传统报业的网站中，大洋网、奥一网、大江网、天极网成为最早加入的成员。

电视媒体与网络媒体融合的趋势同样引人注目。2006 年 10 月成立的"全国电视台网络联盟"，集成全国电视台及其他机构优质视频节目资源努力提升各电视台影响力和各传统媒体子网站访问量，以期占领新兴传播阵地。

五、导向明确

（一）重视社会效益与经济效益的统一

我国文化产业的政治要求与社会要求高，即高度重视社会效益，一方面推动文化走向市场，另一方面必须生产提高民众素质的有良好社会效益的文化产品，体现了经济效益与社会效益的统一。

资本主义文化产业以市场和利润最大化为其最高宗旨和目标，这是由资本和产业的本性决定的。但是，中国特色的社会主义文化产业从一开始就明确提出注重产业的政治、文化、经济和社会效益的均衡统一，注重文化产业以人为本的内核和产业的全面、健康发展。

文化产品不同于一般物质产品，虽然有商业属性，但更有道德和意识形态属性，关乎民族的文化传统和精神品质，在特定时期和环境下事关国家的安全和社会的稳定，因而我国的文化产业发展在追求市场经济价值的同时，不能忽视产业的社会、精神、道德功能，不能走某些领域发展中"先污染，再治理"的道路。

（二）坚持文化产业的政治主导方向

中国的文化产业在政治上坚持以马列主义、毛泽东思想、邓小平理论、"三个代表"重要思想、科学发展观和习近平新时代中国特色社会主义思想为指导思想，坚持为人民服务、为社会主义服务的方向，努力争取经济效益和社会效益的平衡和统一。

中国的文化产业在文化上坚持发展有利于人民道德情操和身心和谐的社会主义先进文化以及健康的娱乐文化，在继承传统文化的同时，注重符合和反映时代特征的现代文化，提倡创新意识，创造表现中国优秀历史思想文化和现代人民精神风貌和时代潮流的新型文化，满足我国人民迅速增长且日益多样化的精神文化需求。

中国的文化产业在经济上服务于国家经济增长方式的转变，通过不断解放和发展文化生产力，向社会提供越来越丰富的文化产品和文化服务，创造社会财富；通过发展对外文化贸易，提高中华文化产品在国际市场上的生命力和竞争力，扩大文化产品和服务的国际文化市场份额。

中国的文化产业在社会发展中服务于促进文化建设与经济建设、政治建设、社会建设全面协调发展，通过保障广大公民消费文化成果的权利、参与文化活动的权利、参加文化创意的权利、保护文化遗产的权利，促进社会主义和谐社会建设。

为达到上述目标，中国文化产业发展实行党委领导、政府管理、行业自律、企事业单位依法运营的文化管理体制和富有活力的文化产品生产经营机制，与此相适应的是建立以公有制为主体、多种所有制共同发展的产业格局和以民族文化为主体、吸收外来健康文化的市场格局。

（三）确保文化产业导向明确

一是将文化产业发展纳入国民经济发展规划，详细制定发展目标，围绕艺术创作、群众文化活动、新农村文化建设、文化市场管理、文化遗产保护、文化设施建设、文化产业发展、文化体制改革等方面展开，努力形成构建和谐文化的整体合力，全面提高文化建设水平，大力开展人才开发工作，推进文化设施的规划和建设。二是建立健全法律法规体系，保障文化产业社会效益的实现。三是积极、慎重、稳妥地推进文化体制改革。四是大力推进文化理念的创新。

六、以民族文化产业为主

世界各民族在漫长的历史进程中积累了大量的文化内容，形成了本民族鲜明的文化特色和文化审美。民族文化是发展一个国家文化产业的基础和特色。文化是民族的灵魂，是哺育和传承民族生命力的载体，是民族生存和发展的精神支柱。一个民族的文化往往凝聚着这个民族对世界和生命的历史认知和现实感受，也往往体现着这个民族最深层的精神追求和行为准则。

（一）中华文化具有鲜明的民族特色

中国是一个多民族的国家，在漫长的发展历程中，民族之间相互交融，形成了既各具民族特色又有统一的民族文化精神的中华民族文化。我国的文化产业植根于一个丰富的民族文化宝库，无论是商周青铜器、秦砖汉瓦、唐宋陶瓷、明清丝绸，还是京剧武术、琴棋书画、诗词歌赋、服饰美食，都极具中国民族文化特色。

这种民族特色对于世界的吸引力和影响力很大。中华文化对外资的吸引力在澳大利亚、巴西、加拿大、法国、德国、印度、意大利、日本、韩国、俄罗斯、新加坡、南非、英国和美国 15 个具有代表性的国家中居第 5 位，京剧、民歌、杂技、风筝、服饰等在国际上得到广泛赞誉和推广，既说明我国的文化资源在国际市场上具有很强的市场号召力，也表明文化的民族特色是文化走向国际化的持久生命力，只有真正民族化才能有效地国际化。

（二）中华文化具有包容性与开放性

中华民族是一个多民族国家，各个民族文化的交融形成了中华传统文化特有的包容性与开放性，这为文化产业发展中吸引发达国家先进的经验和将本民族文化特色推向世界提供了便利。

一方面，中华民族文化的开放性使民族文化对外来文化排斥的情况变得越来越少，接收外来文化越来越容易，也使本民族的文化能够不断与其他民族文化相互交融。因而，文化的融合和创新也就成为可能。而这正是文化产业发展的最重要的因素。

另一方面，中华民族文化在包容与开放之间，始终保持着本民族文化的特色，具有中国文化内涵的文化产品将会为国际文化市场增添极具东方精神和经济价值的文化内容和产品形式，这不仅使本民族的文化可以以民族特色立足于世界多元文化之中，也使我国的文化产业以独特的个性立足于国际市场竞争中，从而丰富和完善国际文化市场，向各国人民提供更为丰富多彩的文化产品，切实推动世界文化多元化，促进建立更趋合理的国际文化贸易格局。

七、形成多样化的产业链

完整的产业链是产业保持可持续发展的关键。随着科技进步和文化产业自身的不断发展，我国文化产业逐步形成了多种形态的产业链，显示了蓬勃的生命力。

一是横向产业链。互联网之所以具有巨大影响力，很大程度上得益于其形成了覆盖广泛的横向产业链。中国互联网协会发布的《INTERNET GUIDE 2007 中国互联网调查报告》显示，在互联网招聘、电子邮件、游戏资讯、音乐服务、视频点播、直播市场、网络安全、数字杂志等 10 个互联网分类热点领域中，互联网影响力率大幅度上涨。

二是纵向产业链。一些文化行业的纵向产业链也在逐步完善。以艺术品拍卖公司为例，深圳大芬油画村曾成功地建立了我国绘画生产与国际艺术品消费市场的连接，形成了具有特色的产供销模式。目前，大芬油画村参与以绘画为主的艺术仿制品制作、销售、经营等的人员已有 2 万多人。

三是复合型产业链。湖南卫视曾举办的《超级女声》节目，就是复合型产业链营销的成功例证。目前，复合型产业链在文化产业的众多领域被广泛运用。以唱片业为例，传统的唱片业产业链是制作生产（上游）—复制生产（中游）—批发销售（下游），随着新媒体进入唱片业，一种新型产业链开始出现。此外，中华网、中国移动曾与著名音乐唱片公司百代联合，共同推出音乐增值业务，利用无线手机平台打造手机音乐专辑的新模式；中国联通集团和全球四大唱片公司之一华纳音乐合作，在联通的手机网络上提供华纳的正版音乐的收费下载服务，并提供试听、发送、设置炫铃等服务。

这种由运营商—服务提供商—内容提供商（如唱片公司）组成的新型产业链，与传统唱片业产业链的不同之处在于减少了唱片产业链的中间环节，降低了营销成本，保障了版权利益。百度也在积极地与百代、滚石探讨怎样合法地跨越从免费试听到免费下载的鸿沟，以求在数字音乐上构筑新的商业模式。

电影业也同样如此。新媒体的介入使电影产业的产业链在向复合型方向发展，新型产业链雏形出现。内地第一家只播放正版电影的 24 小时在线影院联盟"中国网吧院线"的运作便是一个成功的案例。除此之外，国内宽频娱乐综合门户网站 21CN 与影视节目制片商广东巨星影业公司签署合作协议，独家买断其所有的电影、电视剧节目。

随着手机影像消费市场的出现，涉足手机影像消费市场成为许多服务提供商服务提供商的目标。乐酷公司、中广无线等服务提供商先后斥巨资买下《十面埋伏》《蜘蛛侠 2》《指环王》《功夫》等影片的手机版权。

随着 5G 时代的来临，手机影像消费市场将有着良好的前景。产业链状况决定着产业发展的状况和前景。产业链不完整是我国一些文化行业发展状况不佳的重要原因。我国动漫产业在过去之所以难以摆脱发展困境，主要原因是产业的上游与下游的脱节，电视台的动画播出费大大低于动画制作成本，导致制作环节与播映环节不匹配，动画制作无利可图，使国内动漫产业难以形成良性发展。现如今，动漫产业也逐渐取得了良好的收益。

八、政府政策积极推进

（一）政府的改革和发展思路

第一，解放思想，转变观念。总的要求是遵循社会主义精神文明建设的特点和规律，适应社会主义市场经济发展的要求，树立新的文化发展观。坚决冲破一切妨碍发展的思想观念，坚决改变一切束缚发展的做法和规定，坚决消除一切影响发展的体制弊端，做到思想上不断有新解放，理论上不断有新发展，实践上不断有新创造。

第二，文化体制改革重在体制机制的创新。要坚持以改革促发展，坚决消除制约文化发展的体制性障碍，在重点难点问题上有所突破。只要符合社会主义精神文明建设的要求、符合社会主义市场经济规律、有利于发展，什么体制好、什么机制管用，就用什么体制和机制。

第三，发展目标明确、思路清晰。党的十七大报告提出了"加强文化建设，明显提高全民族文明素质"的目标，要求：社会主义核心价值体系深入人心，良好思想道德风尚进一步弘扬；覆盖全社会的公共文化服务体系基本建立，文化产业占国民经济比重明显提高、国际竞争力显著增强，适应人民需要的文化产品更加丰富，成为人民享有更加充分民主权利、具有更高文明素质和精神追求的国家。同时，报告明确指出，当今时代，文化越来越成为民族凝聚力和创造力的重要源泉、越来越成为综合国力竞争的重要因素，丰富精神文化生活越来越成为我国人民的热切愿望。在此基础上，向全党全国各族人民发出了"兴起社会主义文化建设新高潮"的号召，吹响了"推动社会主义文化大发展大繁荣"的号角。可见，中央的改革和发展思路非常明确。

目前，我国不仅在经济上支持国有文化企业，而且通过政策限制国外境外资本、机构和产品进入国内，同时对于主流的国有文化产业也采取了一定的保护措施。我国政府在未来估计还会坚持将文化产业列入"贸易自由化"的交易范围，对进口文化产品实行限额或限制。可以说，政府不仅仅担当一个限制和保护的角色，还是一个"构成角色"，利用政府力量来支持本土文化产业的发展，为本土文化产业开辟国际国内市场，客观上就可能为中国文化产业自身的存在和发展提供缓冲空间。

（二）法规和政策的有力保障

各级政府积极制定政策法规，营造环境，做好服务，为文化产业发展铺路，推动文化产业发展从无到有、从小到大、从弱到强。

1. 大政方针

党的十六大报告指出，要"积极发展文化事业和文化产业"，发展文化产业是市场经济条件下繁荣社会主义文化、满足人民群众精神文化需求的重要途径。完善文化产业政策，支持文化产业发展，能增强中国文化产业的整体实力和竞争力。

党的十六届三中全会通过的《中共中央关于完善社会主义市场经济体制若干问题的决定》指出，要"清理和修改限制非公有制经济发展的法律法规，消除体制性障碍"，提出在文化产业领域推行股份制，为文化体制改革指明了方向。党的十六届四中全会通过的《中共中央关于加强党的执政能力建设的决定》提出要解放和发展文化生产力，并对文化体制改革做出了全面部署。

2005 年 8 月 8 日国务院公布《国务院关于非公有资本进入文化产业的若干决定》，决定逐步形成以公有制为主体，多种所有制经济共同发展的产业结构，有效解决了中国文化产业资金匮乏的问题，降低了文化产业市场准入门槛。2011 年十七届六中全会专门作出了深化文化体制改革的决定。2013 年十八届三中全会全面深化改革，为文化体制改革提供了更为广阔的空间。

党的十八大以来，在以习近平同志为核心的党中央坚强领导下，按照中央全面深化改革的总体部署，宣传文化战线坚定文化自信，增强文化自觉，紧紧围绕文化小康目标，坚持把社会效益放在首位，实现社会效益和经济效益相统一，推动文化改革发展各项任务落地见效，文化创新创造活力极大激发，社会主义文化强国建设迈出坚实步伐。

中办、国办印发《关于加快构建现代公共文化服务体系的意见》，首次把标准化、均等化作为重要制度设计和工作抓手；颁布《公共文化服务保障法》，将公共文化建设纳入法治化、规范化轨道。2012 年以来，中央财政投入 16 亿元支持 214 个地市级公共图书馆、博物馆和文化馆新建和改扩建。文化部等联合印发《关于推进县级文化馆图书馆总分馆制建设的指导意见》，将县级文化馆、图书馆的优质资源输送到乡村。

党的十九届五中全会审议通过的《中共中央关于制定国民经济和社会发展第十四个五年规划和二〇三五年远景目标的建议》，明确提出到二〇三五年建成文化强国。推动文化发展、建设文化强国，从根本上说就是为了更好地满足人民日益增长的精神文化生活需要，不断丰富人民的精神世界、增强人民的精神力量。

2.法规及政策建设

近年来中国已经相继出台了上百个文化法规政策，加上各省、自治区、直辖市制定的地方法规政策，已经基本改变了文化产业、文化市场无法可依的局面，解决了管办不分、资金短缺、任意分割文化市场的问题，使文化产业政策透明、法规健全、基础设施齐备，从而实现了文化资源共享和文化市场自主化和法制化，促进了我国文化产业的迅速发展。

（三）定位为主导产业和支柱产业

尽管目前部门和行业分割严重，文化体制改革相对滞后，政府职能转变尚未完全落实，文化政策和法规体系有待进一步完善，人才结构性短缺等问题较为突出，但是，各级政府仍然给予文化产业很高的定位。

这种定位取得了很大的成效：一是文化产业已具备一定规模，支柱产业的地位初步确立；二是形成了一些文化产业集聚区，产业聚集效应初步显现；三是城乡居民文化消费水平保持较快增长，市场空间不断扩大。

第一，政府搭建平台加强引导。文化产业有其自身的文化艺术规律、产业规律、市场规律，其发展既有历史必然性，也有可遇不可求的偶然性。近几年来，各级政府的主要精力放在了搭平台、创环境、定规划、保权益上，既注意了整体政策的调整，又重视对个别、重点案例的推进。

第二，解决体制不顺的问题。政府建立了联席会议制度，统一行使文化产业的管理权，以解决条块分割、体制不顺的问题。

第四章　文化创意产业

文化产业形式多样，在互联网的影响下，文化创意产业的各个环节都发生了改变，从思维方式到呈现形式，文化创意产业在不断突破、颠覆。在这样的背景下，文化创意产业人才明显不足，所以文化创意产业人才培养是目前文化创意产业发展的重中之重。本章分为文化创意产业产生的时代背景、文化创意产业的发展动向和文化创意产业的培育与管理三部分，主要内容包括文化创意产业的概念、文化创意产业产生的背景、文化创意产业的发展脉络等方面。

第一节　文化创意产业产生的时代背景

一、文化创意产业的概念

文化创意产业属于文化产业范畴，是一种较新的产业，主要指利用软硬件载体、数字技术等，整合图像、语音、文字等内容，通过生产创作，提供多种类多层次的文化产品、服务。随着全球知识经济的发展，文化创意产业已对经济增长与社会发展产生深入影响，已是培育创新创业能力、推动经济发展、评估综合竞争力的关键指标。目前世界各国积极发展文化创意产业，英、美、日等国已形成了具有自身特色且较完善的文创产业体系。

伴随着我国鼓励文化大繁荣、大发展，文化与科技融合发展，在国家有关政策措施的促进支持下，文化创意产业快速壮大，并取得一定的成绩。文化创意产业有集聚式发展的特点，此特点使一定数量的竞合关系文创企业、专业化中介机构、金融资本机构等文创产业链形成了产业集聚区，也就是文化创意产业园区。在区域竞争发展中，文化创意产业园区的重要性在稳步提升，其作为固定的地理空间，承载着区域经济发展、产业转型升级、建设创新智慧城市的目标，又因自身文化、经济属性而成为地区社会经济发展水平的衡量标志之一。

二、文化创意产业产生的背景

文化创意产业是经济与文化发展演变的逻辑结果，同时也是经济社会发展到一定阶段的产物。文化创意产业的产生、发展和繁荣，都与一个国家经济社会发展的历史阶段有着深刻的内在联系。

人类社会在经历了由产品经济、商品经济到知识经济的发展之后，已不再单纯追求对资源、能源和农产品等有形资源的过度依赖，而是转而追求时间和智慧的价值，即大量的消费"知识价值"。美国著名经济学家罗默指出，新创意会衍生出无穷的新产品、新市场和财富创造的新机会，所以经济发展的原动力经过资源、资本、技术和制度等，最终指向知识、文化和创意。这种指向为现代经济的发展打开了巨大的市场，也直接催生了经济发展方式的转型——文化创意产业应运而生。改革开放以来，我国经济发展连续多年保持两位数的高速增长，取得了举世瞩目的成就。然而高速增长的同时，以外贸为主导的外向型经济也带来了资源过度消耗、生态环境压力增大、产品附加值低、产业结构不合理等发展瓶颈和结构性矛盾。

在全国产业结构调整和发展方式转变的宏观背景下，文化创意产业由于其独特的产业特征与发展规律，势必会发挥更大的经济带动作用。文化创意产业会改变社会消费观念，激发人们对文化产品的需求。同时，文化创意产业通过文化、技术渗透，深入社会经济体系中，打破传统产业界限，延长传统产业的生命周期与产业链条，拓展传统产业的市场空间，从而形成对产业的纵向整合，推动产业融合重构，形成低资源消耗、高科技含量、高附加值和高产业关联度的新型生产结构。不仅实现了对传统文化产业结构的优化，还通过产业"越界"渗透，利用其处于价值链顶端的优势，实现产业结构融合、重构与升级。同时，文化创意产业实现了经济发展动力从要素驱动向创新驱动的转变。

三、文化创意产业发展的背景

创意产业，又称创意工业、创意经济，其概念主要源自英语 Creative Industries 或 Create Economy，是一种在经济全球化消费社会的背景中发展起来的，其推崇创新、个人创造力，强调文化艺术对经济的支持与推动的新兴理念和经济实践。创新是创意产业的基础，创意是创意产业的核心竞争力。从广义上讲，凡是由创意推动的产业均属于创意产业。因此，我们通常把"以创意为核心增长要素的产业或者缺少创意就无法生存的相关产业统称为创意产业"。创意产业的出现是知识、文化在经济发展中地位日益增强的结果。

创意蕴藏于一切文化和经济活动中。创意是社会文化活动中必不可少的一部分，缺少创意，便缺乏应有的生命力和价值内涵。在现代经济活动中，美学设计已经融入社会各行各业，建筑设计、工业设计讲究美感，商标设计、企业形象设计需要凸显主题特色、富有质感。在不断创新的环境下，创意几乎融入所有产业领域，随着社会对创意的重视及其自身价值的体现，创意逐渐脱离其他产业，形成产业化。

（一）需求升级

美国著名未来学家约翰·奈斯比特曾说，在以高科技为主导的现代社会中，人除了温饱和安全之外，更迫切地要寻找人生的意义，要追求更高、更深、更远的东西。而创意产业可以提供丰富的文化产品，来满足人们日益增多、日益迫切的文化需求和精神需求。文化消费是创意消费的主要市场，主要体现在两个方面。

一是越来越注重文化产品的消费。随着基本温饱问题的解决，人们的精神需求日益增长。因此，电影、戏剧、音乐等艺术和相关艺术品的消费具有了广阔的市场基础。

二是人们对于所需产品品质的要求逐渐提高，不再满足于基本的功能需求，而更多看重附加价值，追求新颖和独特。产品提供者不得不对产品持续创新，来吸引更多的目标消费者。

（二）科技进步

科学技术为我们的生活创造了更多的可能，将人们心中的奇思妙想变为现实。科技进步为文化创意产业提供了更广阔的发展空间，依托技术实现产业规模整合，激活了创意资源。创意产业的发展获得了科学技术强有力的技术支持，突出表现在网络技术对传统艺术形态的更新换代上。科学技术同时也可以成为展示创意的舞台，延伸了新型创意产业的领域。科学技术的进步革新了人们的传统观念，改变了人们的生活、生产方式，拓展了创意产业的产业链。

（三）产业转型

经济结构转型是创意产业发展的重要契机，并为其提供了良好的资金及环境条件。一方面，随着城市经济的发展，商业成本提高，同时为满足人居环境改善的需求，城市产业结构不断调整，以重工业为代表的传统工业日渐衰落和陆续迁出，这为服务业提供了充分的发展空间。另一方面，城市本身的产业基础优势进一步加速了服务产业的发展，如邻近交易市场、基础设施完备、信息优势和专业人才，促使产业不断融合和分工深化，最终集聚形成新的产业，并且始终处于调整优化状态。

（四）经济全球化趋势

随着通信、交通、科技的高速发展，世界各国之间的联系越来越紧密，不同文化背景的人的交流越来越频繁。在经济全球化浪潮下，不同文化之间的交融和碰撞为创意产生提供了有利的外部条件。放眼世界，创意产业发达的地方往往是众多文化交流汇集之地。同时，经济全球化趋势将世界各地连接起来，市场竞争日趋激烈，任何一种商业创新、技术创新都很难维持长久的竞争优势，极易被其他竞争对手模仿超越。因而，保持长久竞争力的唯一选择就是不断保持创新。所以，推动创意产业的发展符合当今国际竞争的要求。

第二节　文化创意产业的发展动向

一、我国文化创意产业的兴起

1992 年，国务院办公厅综合司编著的《重大战略决策——加快发展第三产业》一书中明确提到"文化产业"一词。此后，我国文化产业的格局发生了根本性的变化。1999 年 5 月，北京市统计局的一份数据显示，当年文化行业与旅游行业所创造的增加值约为 281.2 亿元，占全市 GDP 的 14%。报纸的种类也迅速增加，由原来的以各级党委机关报为主发展到多种类报纸并存，出现了法制类、经济类、国际时事类、观点类、文摘类、学习类、文化类、休闲类、生活服务类等报纸，还出现了都市早报、都市晚报、周末报、都市快报等。

报业的经济效益也十分可观：1996 年，全国报业的广告总收入高达 77.6 亿元，占当年全国广告收入额的 21.2%。不仅是平面传媒，立体传媒也取得了巨大的进步。1980 到 1998 年，遍布于我国大中小城市的电台、电视台分别从原来的 106 家和 38 家增长到 1244 家和 880 家，分别增长了 10.7 倍和 22.2 倍；电视人口的覆盖率则从 49.5% 增加至 87.5%，增长了 38%。有线电视网已经遍布我国绝大部分城市，初步形成一个规模巨大、全面覆盖的有线广播电视专用传输网络。1992 年后，我国的音像制品业也取得了较大的发展。据统计，1998 年 10 月至 1999 年 3 月，全国 35 家光盘加工复制厂的近百条光盘生产线一直满负荷运转，仍不能满足订货需求。音像业的发展不仅极大地刺激了我国流行音乐和卡拉 OK 的发展，而且也拓宽了所谓"后电影市场"，使电影除了票房收入以外，还可以通过音像制品来获得经济利润。

尤其值得一提的是，20 世纪 90 年代以来我国的互联网业发展也非常迅速。据调查，1999 年全国上网计算机 146 万台，其中专线上网 25 万台，拨号上网 121 万台；上网总人数为 400 万人，其中专线上网 76 万人，拨号上网 256 万人，两者兼备 68 万人；互联网站点数约 9906 个。从用户的地域分布看，居前三位的是北京、广东、上海，分别占 21.02%、11.77% 和 8.71%。在这一时期，一些经济开放程度较高、经济发展较快的城市首先发展起文化产业来，这一时期也初步形成了三大城市圈（环渤海、长三角、珠三角）文化产业带。

进入 21 世纪，文化产业在一系列政策支持下得到飞速发展。2000 年 10 月，党的第十五届五中全会通过《中共中央关于制定国民经济和社会发展第十个五年计划的建议》，第一次在中央正式文件中提出了"文化产业"这一概念，要求"完善文化产业政策，加强文化市场建设和管理，推动有关文化产业发展……引导文化娱乐、教育培训、体育健身卫生保健等产业发展，满足服务性消费需求"。2002 年 11 月，党的十六大报告中明确提出文化产业发展和文化体制改革，这一报告在一定意义上意味着我国文化产业发展进入新阶段。

这一时期，一些城市特别是省会城市开始了文化产业的引进与发展，比如，沈阳、长春、武汉、郑州、太原、合肥、西安、重庆、成都等，这些城市的发展一般采用交叉发展的模式。

一方面，这些城市继续发展制造业，尤其是高端制造业，以保持实体经济的产值在整个国民经济产值中的份额，同时接纳东部地区制造业的区域转移。

另一方面，这些城市还可以发挥其资源集中、人才聚集的优势，发展文化产业。比如，在高科技的技术创新方面和文化内容创新方面，典型的例子是武汉光谷。由于武汉是国内著名高校集中的地区、创新人才集中的地方，因此它具备了文化创意产业发展的部分条件。这一时期我国文化产业的发展取得了巨大的进步，并且快速地追赶世界先进文化产业的潮流。具体而言，2003 年从事文化产业的人员就有 1273.72 万人，占城镇从业人员总数的 5%，创造产值 1710 亿元。

2006 年是我国文化创意产业的元年，也是创意产业广泛普及以及被民众认可接受的第一年。到了 2007 年，创意产业的聚集现象引起了人们的重视。在产业走向聚集的大背景中，在党的十七大报告的指导下，我国文化创意产业呈现出新的发展态势。

这一时期，在各级政府的指导下，各大城市争相抢占文化创意之都的名号，不惜斥巨资打造城市的创意形象。排名在城市创意排行榜首位的北京市，一方面仰仗首都的绝好优势地位，另一方面借助 2008 年的北京奥运会，一举将自身发展成为我国内地最有创意的城市，并构建了政策支持体系和投融资服务体系。新政策以"扶大、扶优、扶原创"为指导思想，于 2009 年陆续出台了扶植影视动画、动漫游戏、出版发行和版权贸易，北京文化产品和服务走出去等多项政策，为文化创意产业的发展营造了良好的政策氛围。

北京拥有 30 个文化创意产业聚集区，其中最有名的是 798 艺术区。这些创意产业聚集区对文化创意产业的发展起到了示范和引领作用。这些主要的聚集区吸引了一定数量的龙头骨干企业。不仅是北京，在金融中心城市上海和深圳，在中西部旅游城市西安和成都，在南部的少数民族文化城市昆明和拉萨，每一个城市都结合自身的优势条件，大力打造创意城市。南京曾经打出横幅"今天你创新了吗？"悬挂在城市的各大街道上。在政策的积极推动和社会的广泛参与中，文化创意产业得到迅速发展。

二、文化创意产业的发展脉络

（一）从文化产品到文化工业

文化是人文科学研究的基本问题之一，"文化"（culture）一词在西方来源于拉丁文 cultura 和 colere，原义是指农耕及对植物的培育。15 世纪以后，逐渐引申使用，把对人的品德和能力的培养也称之为文化。在中国的古籍中，"文"既指文字、文章、文采，又指礼乐制度、法律条文等。"化"是"教化""教行"的意思。从社会治理的角度而言，"文化"是指以礼乐制度教化百姓。一般来说，学界将能满足人们"精神需求"的产品称为文化产品，其包含了诸多种类和形态。文化是由多种元素组成的一个复杂的体系，这个体系中的各部分在功能上互相依存，在结构上互相联结，共同发挥社会导向的功能。精神要素、语言和符号、规范体系、社会关系、物质产品等都是构成文化产品的要素。总之，文化产品通常是在人类进化过程中衍生出来的、由后天习得的、在一定区域内共有的、具有民族性和特定阶级性的，并在一个连续不断的动态过程中创造的产品。

文化产品作为商品进行买卖早已有之，然而文化真正商品化是从 20 世纪中期才开始的。1776 年，第一次工业革命在英国首先爆发，之后逐渐延伸到欧洲各国乃至全世界，人类社会生产水平得到了大幅度提高。到了 19 世纪末

20 世纪初，随着西方工业国家居民收入水平的提高以及闲暇时间逐渐增多，人们对文化产品的需求也相应增加，产品的生产和发行呈现出高度资本化的特征，越来越多的产品通过中介、发行人来发行，复杂的劳动分工在文化生产中出现了。接着，更具有专业性和组织性的专业公司剧增，文化产品开始进行大批量的工业化生产和销售。文化工业的概念首次由德国法兰克福学派霍克海默和阿多诺在 1944 年的《文化工业：欺骗公众的启蒙精神》一文中提出。在他们看来，文化产品已经呈现出按照一定的标准、程序批量生产、机械复制的特征，逐渐缺少独特的内容和风格，完全以类似于工业生产流程的方式进行生产。

（二）从文化工业到文化产业

文化产品以一种类似工业生产的模式进行生产的时间并不是很长，随着发达经济体经济和政治环境的变化，文化的产业形态逐步显现。

20 世纪六七十年代，资本主义战后的黄金时代终结，滞胀式经济衰退的难题出现，商业环境也发生了整体性变革，这些都让社会、文化、市场的交织与联系更加紧密，文化产业也开始萌动。发达资本主义国家的经济衰退持续到 20 世纪 90 年代，为了走出低谷，发达工业国家的商业从原有的原料加工、建筑业、农业等向服务业转移，这就为文化产业的发展提供了经济环境。此外，商品的买卖日趋国际化，新兴经济体陆续加入全球分工，跨国公司在全球范围内急剧扩张，文化产业的运作也向国际靠拢。

与此同时，大约在 20 世纪 80 年代，以里根、撒切尔夫人等为代表的新自由主义政府的上台推动了西方世界的私有化改革，这为文化产业的发展创造了良好的政治环境。具体来看，1980 年以前，世界上大部分的电视、广播、电信机构都是由国家拥有和控制的，新自由主义的兴起打破了政府干预的合法性，商业公司认识到文化、传播和休闲产业中潜在的巨额利润，便积极投资文化产业。文化产品的生产和营销模式发生了根本性变化，突破了传统产业的运作路径，在整个产业体系中扮演日益重要的角色。

（三）从文化产业到文化创意产业

20 世纪 90 年代以后，纯粹服务于精神需求的文化产品生产逐步在市场中独立出来，专注于凝聚智力资源的文化产品投资一度成为市场热点，文化产业日渐向文化创意产业过渡，但文化创意产业并不等同于文化产业，也不仅仅是文化产业的高级阶段或者衍生物。文化创意产业的兴起与发展是对"文化产品"的重新构造和解读，在以消费为取向的社会，消费者和文化公司更加看重

"创意"，而非像以往那样更加注重实际可见的文本创造和服务。

在西方世界，资本的时代已经过去，而创意的时代也在快速走来。在文化创意时代，社会新阶层的出现，即美国经济学家理查德·佛罗里达所称的"创意阶层"，改变了以往的经济发展格局和战略，也开拓了全新的社会形态，创意人才一跃成为社会经济发展的关键人群。纵观人类发展史，文化创意产业是产业结构、就业结构、消费结构升级的必然结果。在当今世界，文化创意产业作为一种新兴产业在世界经济中发挥着举足轻重的作用，成为新时代衡量国家竞争力的新标准。

三、文化创意产业的发展模式

（一）政府引导型模式

政府引导型是指由政府积极推动文化创意产业发展的类型。这一发展模式中，政府在文化创意产业的产生和成长中发挥重要作用，对其进行多方面的支持和引导，代表国家有英国、日本、韩国、新加坡等，这其中又以英国最为典型。

（二）市场主导型模式

与政府引导型产业发展模式不同，在文化创意产业发展相对发达的经济体中，市场的力量得到更多的强调和重视。市场主导型发展模式是指市场在文化创意产业的生成中起着关键作用的类型。在这种类型的文化创意产业的发展过程中，市场是实施主体和主要推动者，产业相关方普遍遵循贸易自由和市场开放的理念，这其中以美国版权产业的发展最具代表性。

（三）传统文化保护型模式

文化作为一种产业的发展历史并不长，但文化本身却是与人类社会的进步相伴而存在的，甚至可以说人类发展史就是一部人类文化发展史。对于人类自身来说，如何保护地区的多元文明与历史文明遗产，已经超越了国别或民族，成为全世界和人类历史文明的共同重大议题。文化创意产业发展中的传统文化保护型模式就是在依据本地区的传统文化、建筑、工艺与人文资源等进行传统艺术或遗产文明的保护性移植、复制与传承中发展起来的。

（四）创意阶层集聚型模式

通过"创意阶层集聚"这种方式成长起来的文化创意产业是原生态的经济

形态，创意工作者在其中起着主导作用。创意工作者出于创作或资金的考虑，往往选择废弃的厂房、仓库等地作为创作地点。他们多以个人画廊、工作室为主，进行艺术创作、作品展示、技艺交流、作品售卖。这种富有激情和自由的氛围吸引了艺术商人的青睐，特色酒吧、餐厅、画廊、书店纷纷落脚入驻。随着时间的推移，富有特色的文化氛围和生机勃勃的艺术家街区逐步形成，并对周边经济发展起着积极推动作用。

（五）社区合作型模式

在区域性文化创意产业发展中，无论是政府、市场、社会团体还是艺术家阶层，单方面的力量都是有限的，将多种主体凝聚在一起共同推动产业发展的模式被称为社区合作型模式。具体来讲，社区合作型是指在公共发展的区域政策指导下，调动财政、税收、金融、补贴、科研、规划等政府力量的同时，充分发挥市场、社会、企业等各方力量，制订出可持续发展与提升区域竞争力的计划，并通过改善基础设施，促进交通，吸引各国各地创意阶层共同参与，形成复合性的区域创新商业模式。

（六）城市转型模式

不管是传统工业城市，还是资源型城市，发展到一定阶段，都会面临转型问题。21世纪以来，随着经济全球化的快速推进、新科技的广泛应用以及资源和环境的巨大压力，在世界范围内开启了城市转型的热潮。城市转型是文化创意产业发展的重要模式，它不是单纯的文化创意产业推动城市转型，也不是城市转型单向促进文化创意产业的发展，两者之间相互反馈，融合发展，形成共生共进的联合体。城市转型模式是以城市为基础，承载产业空间和发展产业经济，以文化创意产业为保障，驱动城市更新和完善服务配套，进一步提升土地价值，以达到文化创意产业、城市、人之间有活力、持续向上发展的模式。

20世纪90年代以来，文化创意产业作为后工业社会的城市型产业，在发达国家中迅速兴起并成为世界财富创造的新源泉，有力地推动了城市复兴、城市空间结构的功能重塑和城市治理制度与政策的全面创新，从而促进城市转型。英国伯明翰、美国芝加哥等全球先进城市，都曾在发展的过程中面临产业结构和城市功能的转型问题。文化创意产业作为城市转型的催化元素，从文化、社会、经济和空间等多方面推动着整个城市的转型。

文化创意产业与城市旧区改造的有机结合，可以避免城市文脉的中断，不仅能够保留具有历史文化价值的建筑，而且通过历史与未来、传统与现代、东方与西洋、经典与流行的交叉融合，为城市增添历史与现代交融的文化景观，不仅对城市经济的发展产生巨大的推动作用，而且使城市更具魅力，给人以城市的繁华感、文化底蕴的厚重感和时代的生机感。比如，英国泰晤士河南岸、德国鲁尔区、纽约苏荷区、日本北海道小樽运河等创意企业密集的区域，都是由制造业大发展时建造的厂房、仓库改造而成的，这些旧式的建筑保留了城市的人文遗产，很好地结合了文化的传承与创新，既保护了历史遗产，同时又成为可持续发展的动力。

（七）产业升级模式

产业升级是文化创意产业发展的必经之路，主要是指产业结构的改善和产业素质与效率的提高。产业结构的改善表现为产业的协调发展和结构的提升；产业素质与效率的提高表现为生产要素的优化组合、技术水平和管理水平以及产品质量的提高。总体来看，文化创意产业升级模式通常表现为产业融合和产业集聚两种形式。

1. 产业融合

文化创意产业的发展离不开技术进步和产业融合的推动。自 20 世纪 80 年代互联网技术逐渐普及以来，特别是数字技术在传媒领域的广泛应用推进了出版、电视、音乐、广告、教育等产业的融合，全球文化创意产业正在经历着产业升级引发的变革。在信息技术的渗透影响下，创意产业不仅会引起产业内不同行业边界的模糊化，还将通过产业之间的互动促使新业态和新产品的诞生。

2. 产业集聚

综观世界各国的发展实践，不难发现，集群化是文化创意产业发展的一个主要趋势，即在大都市形成集聚区，通过发挥创意企业聚集的竞争、叠加和溢出效应，对不同地域的文化资源进行有效整合与开发，形成区域性不同产业的集聚，带动文化创意产业和其他相关产业的发展。产业集聚是增强文化创意产业市场竞争力的重要组织形式，它具有降低交易成本、获得竞争优势、聚集经济效益的功能。正如理查德·佛罗里达在《创意阶层的崛起》一书中指出的，当具有新鲜想法的创意阶层以组织或区域的形式聚集时，价值和财富随即产生，这些资源就形成了区域的"决定性竞争优势"。产业集聚不仅是资源的集聚，更是人才和消费的集聚。

（八）技术驱动模式

技术驱动是文化创意产业发展的重要引擎，凭借文化创意与科技创新的融合发展，文化创意产业的表现形式将更加丰富，从而更具高科技含量、高文化附加值和丰富创新度。技术驱动模式是在数字技术、网络技术、新型显示技术等高新技术的驱动下，内容产业和数字经济（包括文创设计、动漫、电影、广告、网游等）生产更便捷、品质更精良、销售多渠道、体验多方位，进而提高文化创意产业的产品美誉度和市场占有率。

随着数字技术、网络技术、新型显示技术等高新技术在文化领域的广泛应用，创意设计、影视传媒、动漫游戏、数字资讯等战略性新兴产业不断崛起。科技不仅为文化创意产业注入了生机和活力，还使文化创意产业发展的空间和潜力得到全面释放，成为文化创意产业发展的重要引擎。互联网和新科技的发展一方面促进了实体经济与虚拟经济的融合，使产业边界变得模糊；另一方面通过创新文化生产方式来改造传统文化产业，不断催生出新业态。

四、我国文化创意产业的发展特点

（一）区域发展不平衡

我国的文化创意产业在全国范围内发展不平衡。总体而言，东部发达地区的文化创意产业发展较为迅速，并且更具活力；在西部，由于市场机制的健全程度、资源的聚集程度、人才的数量和素质等指标都不及东部发达地区优越，因此，并未出现东西部齐头并进的局面。我国文化产业发展较快的城市大多数分布在东部地区，西部地区则无法享有如此高的经济贡献率。

首先，东西部的差异体现为发展方式不一致：东部地区经济较为活跃，市场体系较为完善，融资渠道较多，加之信息灵便，文化消费市场的潜力巨大，消费能力较强，这些有利条件决定了东部地区能够顺利通过市场化机制来推进文化创意产业的发展，文化创意产业与市场经济结合得非常紧密，市场化的程度较高；而西部地区的文化创意产业则更注重依靠政府来推动文化创意产业的发展，而且文化创意产业往往因成为当地的支柱产业而受到政府的特别重视与大力扶持。

其次，从文化创意产业的存在形态来看，西部地区主要是充分利用本地区丰富多彩的文化资源（尤其是民族文化资源）来发展文化创意产业；而东部地区由于主要强调的是个人在文化活动中的创造性和风险投资的介入，因此就更加注重保护由创意成果所形成的知识产权。最后，东西部的差异还表现在文化创意产业的发展空间上，东部地区的文化创意产业发展对城市依附性较大，很多文化创意产业离不开城市的作用，而西部地区在发展文化创意产业方面对城市的依附性则相对较小。

（二）发展领域不平衡

在我国的文化创意产业中，咨询、设计、电信软件占到了市场份额的80%。国家在这些方面也制定了许多政策和法规，规范、支持、引导这些产业的发展。比如，《鼓励软件产业和集成电路产业发展的若干政策》《振兴软件产业行动纲要（2002—2005年）》《关于推动我国动漫产业发展的若干意见》等。相对于这些发展较成熟的产业，其他创意产业的发展还处于起步阶段，所占的市场份额还比较小，这也说明我国的创意产业发展不仅存在区域上的不平衡，而且也存在领域上的不平衡。

（三）整体处于初级发展阶段

与发达国家的文化创意产业相比，我国的文化创意产业才刚刚起步，还停留在追赶先进的文化创意产业理念和模式的道路上，还没有真正地结合我国的实际情况发展出能在世界上立足的文化创意产业。

举例来说，我国是一个历史悠久的国家，在历史长河中有许多优秀的世界级文化艺术瑰宝，其中的宗教艺术、武学艺术等都非常有价值。但是，我们并未将其充分利用。美国曾经根据我国武学的精神和武术拍出了《功夫熊猫》这样一部电影，取得了较高的票房。对比美国充满活力的文化创意产业，我国的文化创意产业大多是在细小的方面进行改动，缺乏品牌效应，缺乏创意。

五、我国文化创意产业的发展现状

（一）文化创意产业规模不断扩大

我国文化创意产业增加值近年来大幅度攀升，增速明显高于部分新兴产业的增长速度。2014年，我国文化创意产业增加值比上年增长12.13%，比同期名义GDP的增速高出4.73%。得益于政府的政策支持和金融危机背景下产业结构调整的内在驱动，我国的文化创意产业呈现出全面爆发的态势，这种态势主要体现在文化创意产业在国内各大城市的GDP中所占的比例和绝对利润值快速增长。2014年，北京文化创意产业实现增加值2794.30亿元，占全市GDP的比重提高到13.1%，已成为北京市支柱性产业之一。2014年，上海市文化创意产业继续保持快速健康发展，实现增加值2820亿元，同比增长8%，占上海市 GDP 比重的 12% 左右。在独特的"文化＋科技""文化＋旅游""文化＋金融"模式下，2013 年，深圳市文化产业升级态势明显，文化创意产业增加值达 1357 亿元，增长 18%，占全市 GDP 比重超过 9%。2014 年，深圳市全市文化创意产业实现增加值 1560 亿元，增长 15%，占全市 GDP 比重为 9.8%，成为经济发展新常态的重要引擎和助推器。2011 到 2018 年间，我国文化及其相关产业实现增加值从 15 516 亿元增长到 41 171 亿元；文化产业增加值占 GDP 的比重也在逐年提高，由 2011 年的 3.28% 提高到 2018 年的 4.48%，表明文化创意产业规模不断扩张，对于促进我国经济发展的贡献不断增强。

（二）文化创意产业空间布局轮廓日益清晰

我国发展文化创意产业的资源非常丰富，资源优势转化为产业优势的潜力巨大，文化创意产业集聚化发展趋势日益明显，并通过自下而上或自上而下的方式发展形成特色鲜明的文化创意产业基地或集聚区。目前全国已初步形成六大文化创意产业聚集区：首都文化创意产业区，以上海为龙头，包括杭州、苏州、南京的长三角文化创意产业区，以广州、深圳为代表的珠三角文化创意产业区，以昆明、丽江和三亚为代表的滇海文化创意产业区，以重庆、成都、西安为代表川陕文化创意产业区，以武汉、长沙为代表中部文化创意产业区。

（三）产业内容体现本土化、差异化

中国各地区、城市在发展文化创意产业的过程中，注意挖掘本地的文化遗产和资源，对其进行整合、创新和整体提升，将地方特色融入创意中，逐步形成了自身独特的发展思路和行业特色。如上海利用其近代遗留下来的工业建筑、遗产，规划建设了一批文化创意产业集聚区，形成设计类文化创意产业与历史建筑改造相结合的发展模式；长沙凭借其丰富多样的文化资源，打造出享誉全国的影视、出版和动漫产业。

（四）产业政策日益完善

近年来，加快文化创意产业发展已经成为重要的国家战略。2003 年后，国务院和有关部委相继出台了有关产业支持政策和指导意见。自"十一五"时期我国提出建设"创新型国家"的目标，其中的建设重点就是要把增强自主创新能力作为发展经济的重要战略基点，而文化创意产业则以鲜明的产业特征受到我国各地政府的重视。2009 年，国务院颁布了首部《文化产业振兴规划》，标志着文化产业已成为我国国民经济体系中的一个先导性、战略性产业。2009 年，财政部注资 100 亿元成立中国文化产业投资基金，鼓励引导有条件的文化企业通过主板和创业板上市融资，通过深化文化体制改革推动文化资源向优势企业适度集中。这表明国家对该产业的政策支持已迈入实质性阶段。"十二五"期间，我国又不断提出要把增强自主创新能力作为我国发展科学技术的战略基点，并调整产业结构、转变发展方式的中心环节，文化创意产业又获得了充足的发展动力。2014年10月28日召开的十八届四中全会审议通过《中共中央关于全面推进依法治国若干重大问题的决定》，文件中指出要制定"文化产业促进法"，把行之有效的文化经济政策法定化，健全促进社会效益和经济效益有机统一的制度规范。2015年9月6日，文化部牵头在京召开文化产业促进法起草工作会，正式启动文化产业促进法起草工作。国家对文化创意产业的政策支持，尤其是财政、税收、金融支持政策的不断完善与创新，对于加强我国文化创意产业的总体战略和规划，加快产业对外开放，提高文化创意企业整体竞争力发挥了重要作用。2018年，我国规模以上文化企业共有6万家，实现营业收入共计89 257亿元，同比增长8.2%。从行业类别来看，所有行业的营业收入均实现了正增长。其中，有4个行业增长速度超过10%，分别是新闻信息服务、创意设计服务、文化服务业以及文化传播渠道，分别增长24.0%、16.5%、15.4%和12%。

六、国外文化创意产业的发展经验

（一）文化创意产业驱动社会发展

20世纪初，文化创意产业崭露头角。到了20世纪中叶，发达国家经济结构开始从工业主导转向服务业主导，其间文化创意产业获得了长足发展。联合国贸易和发展会议的全球数据库资料显示：全球创意产品与服务的贸易额在2002至2011年翻了一番，年均增长率达到8.8%。2011年，贸易额达6240亿美元。这说明文化创意产业在全球经济中扮演了极其重要的角色。

（二）一系列政策彰显产业地位

2001年3月，英国国务大臣克里斯·史密斯撰文认为：创意产业对于知识经济和国民财富的重要性得到了广泛认同。英国的政策调整中，创意产业已经从外围进入了中心。工党上台后，英国的创意产业迎来了一个强劲的上升期。英国政府成立了专门的"创意产业工作小组"，规划和协调产业的发展。根据创意产业多为中小企业这一特点，英国中央政府设立了包括"创意卓越基金"在内的多项资助计划。政策层面，大多出自中央政府，即使像伦敦这样的创意产业繁荣之都，大伦敦政府也并没有制定更多的特别政策。

与英国类似，新加坡也于 2001 年末成立了创意产业工作小组，并制定了《创意产业发展策略：推动新加坡的创意经济》，明确提出要把创意产业发展成为经济增长的火车头。之后，政策主要从艺术、媒体、设计三大领域铺开，2003 年之后相继推出了《文艺复兴城市 2.0》《设计新加坡》《媒体 21》三大政策，并每隔 5 年左右进行回顾和更新。

早在 1998 年，韩国就提出了"文化立国"战略。金大中总统上任之后就宣布："21 世纪韩国的立国之本，是高新技术和文化产业。"把文化产业和生物技术列为 21 世纪重要的产业。目标确定后，韩国随即提供了政策、法规、组织和资金等多方面的支持，给韩国文化创意产业的腾飞创造了条件。韩国政府随后相继出台《国民政府的新文化政策》（1998 年）、《文化产业发展五年计划》（1999 年）、《21 世纪文化产业的设想》（2000 年）等文化产业发展规划。之后的历任总统对此都极为重视，以至于从 21 世纪初至今，"韩流"在全球产生了强大的辐射力和影响力，其文化软实力可见一斑。2009 年，韩国文化创意产业规模达到 69.4 万亿韩元（约合 3917 亿元人民币），同比增长 4.5%，约占全年 GDP 总量的 6.5%。2013 年 2 月，时任总统朴槿惠提出打造韩国"创意经济"的计划，强调创意经济"融合科学技术及产业，融合文化与产业，打通产业间壁垒"的积极意义，未来将大力推动"创意经济"与经济民主化，实现国家的经济复兴。同年 6 月，韩国发布了《创意经济实现规划——创意经济生态构建方案》，重点强调了科学技术与信息通信技术在催生国家产业活力、提高国民生活质量方面的重要作用，是韩国"创意经济"的发展蓝图。

第三节 文化创意产业的培育与管理

一、我国文化创意产业管理模式

（一）首都模式

北京有悠久的历史、深厚的文化积淀、浓郁的文化特色，历史上就是不同民族文化融汇之处，目前也是文化产业资源最丰富、文化人才最集中的地区之一。北京倡导文化的民族性与世界性的统一，体现出对文化产业发展导向的理性认识。作为我国的政治、经济、文化中心，北京自然在文化创意产业管理上有一定示范和引导作用及其独到之处。政府参与管理，但权责明晰，管理强化宏观效应，从办文化到管文化，从管行业文化到管社会大文化，政府在文化产业中始终是主角，体现出政府为文化产业发展服务的作用。

北京的文化产业与旅游业相辅相成，共同打造出属于北京的文化品牌。近几年，北京大力鼓励文化企业走出去，从政府层面看，落实国家政策、加强平台建设，努力搭建文化主管部门与文化企业常态联系机制，积极配合做好相关文化产业促进活动。

（二）申城模式

中华人民共和国成立之前，上海就有较为发达的文化企业群。当时，商务印书馆掌握全中国的教材出版和发行。在经历了历史变迁之后，上海的文化商业运作能力逐渐增强，创造出文化产业奇迹。今天的上海在改革开放之后，正朝着现代化国际大都市的目标大步前进，文化不仅成为这座城市的精髓和灵魂，也是城市未来经济发展的最大亮点，给这座城市带来无限的商机。

上海市在文化创意产业管理上体现出政府引导、政策鼓励、环境营造、人才引进等模式。上海市文化广播影视管理局在一份题为《促进文化产业发展的调研报告》中提出，上海应该优先发展影视、演出、艺术品经营和网络游戏等文化产业。上海占据我国电影制作的半壁江山，在影视制作技术、人才培养等方面具有丰富的经验，加上最近几年，随着上海经济的大发展，以上海为背景的影视作品数量逐渐增多，也为上海影视业的发展带来前所未有的机遇。

上海市政府对文化创意产业的发展给予极大关注，主要通过以下模式，借助区位优势，促进文化创意产业的发展。

1. 搭建平台，探索平台化促进模式

重点促进对外文化贸易、音乐时尚等文化贸易平台，使文化企业在平台上进行国际文化市场信息沟通，把握产业走向，建立企业间的横向合作关系。

2. 聚焦重点，探索高端发展模式

依托上海的信息集聚、人才储备、商务法律环境优越等优势，促进文化服务、教育、创意设计等文化行业的发展，给予重点企业以资金支持和贸易便利，设计特色企业向国外推介的方案，鼓励企业采用新的商业模式和服务模式。

3. 着眼需求，探索品牌化战略模式

上海市从单纯的、重复性的劳务性服务或者模块化服务转为提供整体解决方案设计、优化和实施，通过举办国际性展会加强企业推介和宣传，强化上海文化在海外营销的整体形象和品牌效应。

4. 突出人才，探索合力化结构模式

上海将通过一系列优惠政策吸引高端文化人才来沪发展。鼓励高校相关学科与文化企业对接，建设"政府引导、机构主导、企业支持"的三级培训网络。

（三）深圳模式

在下海大潮中，一大批来自内地的精英集聚深圳，为深圳产业发展储备了大量人才，也成为深圳文化发展的重要资源优势。深圳成为中国文化创意产业领域里的一块最具开创性的"试验田"，它以前瞻性和颠覆性姿态投入文化创意产业之中，为中国的文化创意产业市场注入强有力的催化剂。深圳市政府通过"文化立市"战略，明确提出了顺应当今世界文化与经济相融合的新趋势，将文化创意产业与国际接轨，全面提升城市的发展水平，制定与"文化立市"战略相配套的扶持文化创意产业的优惠政策，包括人才政策、投资政策、市场政策、税收政策、出口政策等，并对现有的文化资源和市场要素重新进行整合，抢先发展文化创意产业。

深圳文化创意产业经过几十年的发展已经日臻成熟，现在深圳通过"文化产品博览会"这个窗口，向世界展示其发展的成果，并为内地的文化创意产业发展搭建沟通交易的平台。目前，深圳正在积极探索建立科学合理的文化创意产业管理框架，完善领导管理机制；积极参加经济全球化背景下的文化资源配置，建立门类齐全的、在优化资源配置中日益发挥重要作用的中介文化创意产业中层组织体系；加强行业管理职能，发挥行业协会的桥梁和纽带作用；建立广泛代表群众意愿、充分吸纳专家意见的科学合理的文化创意产业决策机制；同时，推进文化投资主体的多元化、社会化，扩大文化市场准入，结合国际先进管理经验，按照国际惯例进行文化市场的开发、培育和管理。

二、我国文化创意产业管理变革

文化创意产业管理变迁是一个历史的连续的演化过程。文化创意产业管理制度的变迁与演化受到政治、经济、技术、文化等多重因素的影响。从宏观的层面看，随着经济社会的发展，由封闭管理向开放管理转变，由少部分人管理向公众参与管理转变，由传统管理向现代法治管理转变。由计划经济向市场经济转型的客观条件要求实施文化创意产业管理的政府角色必须从根本上加以转换，调整工作方式，实现管理创新。政府对文化创意产业的管理需要从控制式的管理转向支持服务式的管理，在文化管理体制机制、市场环境建设、文化产业立法与政策制定、知识产权保护等方面进行相应的角色创新。与角色创新相适应，政府的工作方式也应从反向问责、决策执行、监督分工、党政一体及其分工、引导扶持激励等方面实施创新，这样才能有效地推动文化创意产业又好又快地发展。

第一，文化创意产业管理体制思想理念的创新引领管理体制变革。由传统的计划管理到现代管理的转变，使各级管理部门和基层文化企业的管理职能得到科学划分，管理部门和基层文化企业享有比较完整的领导权、管理权和运营权。真正形成党委、政府依法管理，行业组织发挥作用，文化企业依法经营，文化需求有效满足的文化产业管理体制。

第二，政府管理模式创新是推动文化创意产业管理模式变革的保障。社会主义市场经济体制的建立和完善要求政府要退出公共文化产品"垄断性生产和提供者"的角色定位，创造各种体制条件、政策条件、社会条件，加快文化市场法律、法规建设，发展多元市场主体，保证文化产品和服务能够有效提供。

第三，通过法治手段管理产业，促进文化产权制度建立是文化创意产业管理变迁的条件。文化资源成为产业资产纳入产业管理监督体制，是现代产权制度的基本要求。建立和完善国有文化企事业单位具体负责经营（或管理）所属范围内的国有文化资产的格局，对建立文化创意产业现代企业制度特别是建立国有文化企业的现代企业制度具有重要的基础性作用。

第四，文化创意产业管理变革的重要途径是加快国际化步伐，按照国际规则进行产业竞争是全球经济一体化的重要前提，引进和吸收国际文化创意产业管理的理论和方法，特别是采用国际通行的文化企业的兼并、重组、上市指标体系，是中国文化创意产业发展壮大的重要途径。降低市场准入门槛，放宽民间资本和外资进入文化创意产业的限制，允许和鼓励我国文化企业进入资本市场，将进一步增强文化创意产业竞争力，促进文化创意产业走出去参与国际竞争，增加中国文化的国际影响力。

三、文化创意产业培育与管理建议

（一）遵循渐进成长原则

文化创意产业已成为一个全球性的新兴产业，但发达国家起步相对较早，特别是英国、美国、日本、韩国等创意产业领先的国家已取得了举世瞩目的成就，分析发达国家文化创意产业发展与创新型人才培养的成功经验，对于我们贯彻落实党的十八大提出的大力发展文化创意产业，促进社会主义文化大发展、大繁荣的要求具有十分重要的借鉴意义。

中国目前面临的最大问题是如何从以成本为主要竞争优势的制成品出口经济，向以创新为主要竞争优势的创意经济转型，这为文化创意产业提供了一个难得的机遇。但就目前来看，文化创意产业起步不久，整个文化创意产业有待发展的方面还有很多，社会缺乏相应的文化创意和创意经济的理念，政府也缺少一定的产业发展经验，整个文化创意产业发展的环境也并不是十分理想。文化创意产业、文化创意人力资本的价值，对一个国家的发展有着重要影响。一些经济学家对创意产业进行了详细研究和调查，力图建立一门新的有关创意产业的文化经济学。国外对文化创意产业的研究，已具有一定的深度和广度，尤其在具体实践中已具备一定的优势。但从国内的研究来看，目前只是起步阶段，因此全面了解并系统介绍国外文化创意产业的理论进展及实践进程，对于作为世界制造业大国从制造型向创意型发展的中国来说，具有重要意义。

各国的资源禀赋不尽相同，发展文化创意产业的文化基础、文化表现、经济基础以及其他内外部环境也存在差异，因此其文化创意产业的发展特点和模式也有所不同。然而，产业的内在发展规律是共通的，是可以借鉴和学习的。通过深入分析和借鉴发达国家文化创意产业发展的经验，总结一些对我国有益的启示，既可以提出促进文化创意产业发展的总体政策框架，为我国政府更好地规划和发展各地文化创意产业提出相应的政策建议，同时也是我国文化创意企业学习国外先进经验，赶超国外水平的良策。

（二）市场为主，政府为辅

发展中国文化创意产业，必须坚持走社会主义市场化道路，不能脱离市场需求，要时刻以市场为导向，充分发挥市场优化资源的功能，达到最佳的资源配置状态。同时，还要以政府宏观调控为辅，在宏观层面把握文化创意产业发展的走向。政府要密切关注文化创意产业的发展前景与问题，辅以必要的宏观调控手段，以帮助文化创意产业市场更快更好发展。

文化创意产业发达国家的经验表明，文化创意产业的发展应以市场为基础，营造自由竞争的大环境，而政府对文化企业的直接管理要少，主要是在战略层面上的领导，为产业和企业的发展提供服务，尽力为文化创意企业营造完善的发展环境。政府不是也不应当是产业发展的主体，也不是产业发展的最终决定者，而仅仅是产业和企业发展的服务提供者。换句话说，政府的角色是外部环境的营造者，而不应该成为直接参与或主导其发展的主体。应顺应市场规律，发挥市场作用，充分调动文化创意企业的积极性。在市场充分竞争的环境下，文化创意产业面对的价格更为合理，市场机制的运作更为成熟，资源配置也充分顺应市场规律。特别是通过资本市场这样直接融资的方式，政府减少了对具体文化活动的参与。这样一来，既有利于文化本身的发展，也有利于文化创意产业在市场操作过程中更加规范化，顺应市场经济规律，这样成长起来的企业综合实力强，抗风险性高，更具市场竞争力。

此外，需要按照建设完善的社会主义市场经济体制的要求，把握文化创意产业进一步深化前进的总体方向，更好地履行政府经济调节和市场监管职能，坚持加大综合调控力度和市场化的基本方向，更多地运用经济手段和法律手段调控市场运行，发挥市场对资源配置的基础性作用，综合运用经济、法律和必要的行政手段，规范文化创意产业市场运行，完善市场体系。政府减少对文化创意产业的管制，有利于其自由发展。而我国沿袭下来的文化管理体制中，政府处于中心地位，要"管文化""办文化"，严重地束缚了文化创意产业的发展。由于政府拥有绝对的支配权力，市场没有充分发挥其应有的作用，因此失灵。所以，政府从对微观领域"直接干预（错位）"，转向对宏观领域的"间接干预"，从绝对掌控资源的"权力中心（不让位）"，转向"服务中心"，让市场唱"主角"，既促进了文化创意产业的健康发展，也节省了政府的行政成本。

（三）加强产业统筹管理

1.建立区域资源共享平台

一是建立共同的技术服务平台。为了文化创意产业发展的共同需要，在文化企业技术服务平台创建产品开发、技术咨询、信息服务等功能，提供技术支持和指导，形成可持续的创新体系和良性互动机制。

二是建立投融资服务平台。文化创意产业目前是热门投资项目，通过建设投融资服务平台，搭建各种融资渠道，如建立专项资金、推出新型金融工具、吸引不同投资群体等，解决文化创意产业的融资问题。

三是建立人事服务平台。建立专门的人才服务站，直接与当地政府对接，有效解决人才落户、孩子入学、配偶安置、家庭安置等问题，建立人才激励的长效机制。加强大学与文化企业对接，设立相关专业及课程，培养文化创意产业需要的创意、管理和营销等领域的专业人才。

四是建立营销服务平台。充分利用传统媒体和新媒体，通过发展文化展览、高端文化论坛、文化节日、创意产品等网络形式，加强文化创意产品和文化企业宣传，整合各种营销资源，搭建物理销售平台和电子商务平台，实现在线和离线联动，拓展文化创意产品的营销渠道。

2. 加强知识产权保护

加强对知识产权法律法规的建设和完善，加大文化市场的监管力度，加大与知识产权相关的执法力度，打击盗版等违法行为，鼓励企业开展自主创新活动，普及相关的法律知识，树立规范导向，提高全民的知识产权保护意识，营造良好的社会氛围。尊重创造力，尊重知识，保护创造者的合法权益，引导文化企业强化品牌意识，实施品牌战略和商标战略，特别是突出当地文化特色，把文化品牌和驰名商标的要求推广到整个文化创意产业的转型升级中去。鼓励文化企业登记版权，鼓励创作者申请专利，切实保护文化创意产业的合法权益。引导专业法律机构入驻文化产业园区，为园区内的文化企业提供知识产权法律咨询服务，同时强化司法效力，有效保护文化企业的合法权益，推进文化创意产业的转型升级。

3. 建立互助平台网络

基于互联网金融和创意产业的发展模式，通过计算机网络技术，建立和完善网络交易平台。发挥重点经济地区的溢出效应，特别是文化创意产业的集聚效应和品牌效应，寻求整个产业价值链的整合节点，包括行业与行业之间的横向联系与垂直联系等，实现上游和下游创意产业相辅相成，同时重视不同行业之间的整合，将文化创意产业融入金融、科技、旅游、餐饮、加工、制造等领域。要注意运用数字技术等高新技术手段升级传统产业，实现数字化转型，如使用投影技术、电子平台等将静态的历史文化资源融入旅游体验中，以达到满足游客需求和动态文化创意产品展示等多重目的。加快虚拟 3D 技术、数字视频技术、多维图像技术在传统舞台演出中的应用，提升科技内容的舞台表现。大力加强广播、电影、电视、出版、设计、广告等领域的开发和建设，最大限度地促进数字产业升级，促进传统文化产业向创意高端领域转变。要积极建设"国家数字媒体技术产业基地"等一批重点产业创新项目，以高端技术推动传统产业实现数字化升级，提升文化创意产业的经济效益。利用电子出版、数字视频、网络传输等现代技术，促进文化创意、文化博览、动画游戏、数字传输等新兴产业的发展。

4. 建立数字网络产业

鼓励文化企业重点加大对科技研发的投入力度，努力发展新技术、新产品。支持在现有的高新园区、科技园区建立文化创意产业集聚区，重点打造文化产业园区、创意文化区、数字出版基地等。大力推动创意设计、动画游戏和数字内容文化企业聚集，加强园区内公共技术的共享和投融资及综合服务等安全体系的搭建。加强主营业务创新，鼓励成立高新技术文化企业，培育文化创意产业的龙头企业，扩大文化创意产业的规模，实行集约化管理，引导文化创意产业从粗放型增长方式向集约型发展方式转变。鼓励文化企业进行国际兼并收购，形成一批具有市场竞争力和国际影响力的大型文化创意企业和集团。

（四）制定园区建设规划

欧美文化创意产业发展较为成熟的国家基本都建立了文化创意产业园区，文化创意产业园区可推动文化创意产业及相关产业的集聚，使各种文化企业、非营利机构和个体艺术家集聚，实现规模效益。在中国，文化创意产业园区同样会为文化创意企业提供必要的基础设施和良好的发展环境，成为重要的载体和依托。但若要使文化创意产业成长为真正的国民经济支柱产业，就必须科学推进中国文化创意产业园区建设。

文化创意产业园区将吸引大批创意人才，充分提升人力资源的价值。良性的运行机制一旦形成，将为众多的中小型文化企业提供融资的便利，有利于形成良性的融资环境。此外，优质的中国文化创意产业园区建设将会促进建立较为完善的制度环境，有利于文化创意企业可持续、规范性的发展。

持续提升产业集聚度，充分发挥园区的综合效益，可以实现文化创意产业链形态的产业集聚，发挥孵化造血功能的同时还可以带动本地其他产业如建筑设计和文化产业金融等领域的发展，有助于文化创意产业以合理的发展模式作为指导性标准，促进已有基地的改造与提升。此外，文化创意产业园区的建立有助于重新思考各个园区的定位，细化商业模式，协同发展，形成创新网络，实现规模效益。

（五）创新融资渠道

文化创意产业是知识与资本密集型产业，资本在整个产业的生存和成长中有着不可替代的作用。文化创意产业资本市场功能的不断完善，运行机制的不断成熟，多元化融资渠道的逐渐形成，是实现众多文化创意企业扩大规模、健康成长的必经之路。缺少了这些，文化很难真正走向产业化、市场化的发展轨道，文化企业也难以抵抗市场波动而获得可持续发展。我国众多文化创意企业的融资难题是制约文化创意产业发展的重要因素，完善文化创意产业资本市场，拓宽文化创意产业融资渠道，将对解决文化创意企业资金困境产生巨大的促进作用。

资本市场上，各种优质资源如交易信息、资金乃至社会支持等稀缺资源在此集聚，如同一只看不见的手，支配着各种资源的流向与交易。由于文化创意企业大多数为中小型企业，还有很多以工作室形式开设的个体户，无形资产所占比重较大，若信用缺乏，又达不到抵押和担保的要求，很少有金融机构为其提供融资服务。资本市场上，文化创意企业可以寻求优质社会资本，随时了解到市场各类信息，降低市场风险，减少搜寻和交易成本，这为综合实力不强、可运用融资途径不多的中小型文化企业提供了融资平台，使资金流向最需要的企业。对于相对缺乏可抵押固定资产的文化创意产业来说，因其能够获得金融机构大额贷款的难度较大，就很有必要利用资本市场的多元化融资渠道，筹得本身发展所需资金，夯实企业的核心竞争力，从而实现长远发展，壮大实力。

发展文化创意产业可以推动经济的可持续发展、知识产权意识培养和就业率的提升。我国的文化创意产业发展面临的困难之一是资金问题，而资金投入是促进文化创意产业发展的重要环节。不管是日本、韩国还是英国，它们都设有文化创意产业的专项基金，这对于文化创意产业的培育和发展起到了至关重要的作用。因此，借鉴其经验，加大政府支持力度，保障文化创意产业的资金注入，如各级政府每年从财政预算中安排一定额度设立文化创意产业发展专项基金，或者设置行业基金，并保持创意专项基金增速不低于财政收入增速；政府也可以对文化创意产业、项目和个人实行减税优惠等多种政策。多方面、多角度地鼓励和推动文化创意产业的发展。

目前，我国文化创意产业投资主体相对单一，而且文化创意产业的发展仅仅依靠国家的力量是远远不够的，应放宽民间资本准入条件，鼓励民间力量的参与。此外，政府要转变投融资观念，降低市场准入门槛，鼓励民间和外资进入文化创意产业，开辟多种融资渠道，如企业投入、证券投资、银行贷款、民间捐助等，为文化创意产业提供充足的资金支持。同时要注重引进外资，以此来提升我国文化创意产业的国际化程度。

（六）加强创意人才培养

文化人才培养应该是对"管理能力"和"创造能力"的培养。中国大学文化产业管理专业发展较快，全国已有180多所高校招收文化产业管理专业本科生。但这些文化产业管理专业基本上都是在学校的历史、文学、哲学、新闻等学科专业发展的基础上建立起来的，无论是师资队伍还是硬件设施，都难以满足文化创意产业对于专业人才的需求。

目前，我国文化创意产业人才教育更注重对管理知识和技能的培训，缺乏创新课堂课程。尽管这些专业和课程强调管理能力和创造能力的协同并进，但培训计划基本上都是以管理为主，学校所授予的学位大部分都是管理学的学士学位，很少授予艺术学位。这与欧美发达国家和港澳台都有显著区别。我国大陆地区的文化创意产业相关专业更加注重培养管理人才，注重提升以脑力为主的管理能力，而不是实践创新能力。到目前为止，我国教育部门尚未设立文化创意领域专业的教学指导委员会，国家在这个专业的人才培养中也缺乏统一的规划和专业标准，在培训目标、核心课程等方面缺乏统一的要求，各个学校在课程侧重点上都有所不同，不利于专业人才的规范化培养。

另外，师资方面也是一个很大的问题，因为这是一个专业的新课题，也是教学实践的新领域，缺乏高度专业的教师给予专业的培训和指导，很多学校和机构的文化创意相关专业课程都是由其他专业的教师兼任，达不到要求的理论深度，也缺乏教学的广度，并且存在全国范围内各大高校和培训机构的课程不统一、教材不统一的情况，甚至部分学校都没有教科书，各学校和培训机构在人才的培养上有显著差距。

文化创意产业是文化产业发展的较高层次，倘若没有创意、只有管理，这样的学校或培训机构培养出来的人才将无法适应文化产业的要求，因为文化创意产业的重点在于"创新能力"。倘若只有创意而没有管理，也不能满足当前文化创意产业对专业能力过硬、管理能力较强的管理人才的需求。因此，国家政策在强调电影电视制作、印刷、广告、表演艺术、娱乐等传统老牌文化产业发展壮大的同时，也要加快发展文化创意产业，对数字出版、多媒体、动画等新兴文化产业加大投入和扶持力度，加强方向引导和人才培养，实现文化创意产业的绿色、健康、可持续发展。政府在进行宏观调控的同时，必须注意到如果高校和培训机构所培养出来的文化创意人才不能做到管理能力和创意能力兼备，那么文化创意产业的振兴和腾飞就不可能实现，两者是文化创意产业发展的左膀右臂，缺一不可。迪士尼动画电影在世界上声誉极高的原因就是其电影制作团队有极强的综合协调能力以及在内容和形式上拥有无限创意。美国好莱坞电影以及印度宝莱坞电影之所以能够在世界文化市场上名声大噪，原因也在于此。每当一部新的电影推出，人们总能找到其中的亮点，感受到电影对于人们视觉、听觉及心理的强烈震撼。特别是3D、4D乃至5D电影的推出，更是满足了观众整体感官体验的需求。因此，为了加快文化创意产业的发展，必须把握好管理能力和创造能力的相互关系，把人才培养作为政府扶持的重要组成部分，不断挖掘文化创意产业的内涵，扩大产业范围，强化产业链条，为文化创意产业的持续发展打下坚实的基础。

（七）科技推动产业转型

高科技是现代经济发展的一个重要依托，也是文化创意产业发展不可或缺的推动因素。当前，文化创意与科技创新不断渗透融合已成为文化创意产业发展的必然趋势。一方面基于高科技平台的网络游戏、动漫、数字娱乐产品等行业获得了高速的发展，另一方面传统的文化创意行业如广播电视、出版发行、表演艺术等都借助科技力量获得了新的竞争力，呈现出新的形态。

随着文化与科技的融合日益加深，数字化制作加工、网络、数据库等数字技术对于文化创意产业的发展也越来越重要。除了将传统的文化创意产业与数字信息化结合以外，我们还要高度重视网络消费市场和网络消费习惯的培育，使我国成为世界上最大、最先进的移动支付之国。高新技术的发展和运用，既丰富了人类物质文明和社会文化的内容和形态，推动了大众文化的演进，又为文化内容提供了多种多样的表现形式和载体，极大地拓宽了人们获取和消费文化产品的渠道，并且通过网络技术、数字技术、虚拟现实技术和新型显示技术等高科技强化了文化产品的创作力、感染力及文化的表现力、传播力和影响力。西方发达国家以各种高科技为载体的创意产品和文化服务，不仅为人们提供了丰富的体验，而且还影响到人们的生活理念。文化创意产品借助科技的力量在全世界流通。网络产品、动漫游戏、艺术表演、广播电视、电影话剧、出版发行等每一个文化创意行业从产品的生产开始到产品的传播、消费，每个环节都与技术密切相关。博物馆、纪念馆等虽然承载了历史和记忆，但是由于其展现形式多为文字和图案难免乏味。近年来，很多博物馆和纪念馆都开始运用 3D 技术，再现历史情境和名人生平，不仅增加了生动性，而且也让游客有身临其境之感。这既可以吸引游客参观，增加旅游收入，也可以扩大我国文化的影响力。

随着文化创意产业的不断发展，科技创新发挥的作用也越来越大。我国唯有不断提高科技创新水平并充分有效地运用到文化产品的生产和服务中，才能推动文化创意产业升级，提高文化创意产业的市场竞争力，进而在国家竞争中凸显自身的优势。

（八）大力拓宽海外渠道

在经济全球化趋势下，文化创意产业的发展已成为各国的国家战略。很多发达国家已经意识到文化创意产业对于国家经济发展、国家产业结构转型的重大意义，因此对文化创意产业的发展更加重视，逐步呈现出以更突出的创意、更高的国家标准为前提，以提高国家经济、文化区域竞争力为目的，大力发展文化创意产业的趋势。文化创意产业不仅对国家的经济增长具有推动作用，而且对弘扬国家历史文化、扩大本国文化的影响力和辐射力、提高本国的国际竞争力等方面都具有重大意义。因而，文化创意产业发展大国在发展文化创意产业时，都提出了国际化战略，充分利用国家力量，积极拓展国际市场。日、韩因为地域面积不大，认识到本国市场规模的局限性，力图通过开拓国际市场来保证文化创意产业的持久发展，如日本成立了"内容产品海外促进机构"，专门负责支持文化创意产业海外市场的开拓和维权活动；美国文化创意产业的发展过程中，政府通过强大的经济实力和文化渗透力以及美国在国际市场上的话语权，推动美国文化创意产品和服务的出口贸易。

致力于为文化创意产业的发展创造一个良好的环境，我国不仅要建立一整套完整的产业体系并积极寻找世界性的元素以满足消费者的需要，还要利用学校和财团等民间团体在海外设立大量的中国文化研究和推广机构，通过派遣教师、邀请学者访问和接受留学生等途径促进文化的传播。我国的文化创意产业只有被世界所认可，才会在国际竞争中发挥出优势。为了实现这一目标，不仅要支持、鼓励文化创意企业走国际化道路，合作、自主开发文化创意产品，学习产品开发、运营的先进理念，还要加强国际合作，借助国外相关企业的平台进行营销推广，开拓国际市场，逐步走向合作、消化吸收、自主发展的国家化文化创意产业发展之路。

（九）控制成本促进产业发展

成本是生产某一产品所耗费的全部费用。在文化创意产业的管理中，总是要考虑生产文化创意产品时形成的所有成本的总和。传统的观念把产量视作唯一的自变量，而不计其他动因。按照成本动因思想，任何一种产品的总成本由两个成本类型构成：固定成本和可变成本。固定成本是指在一定的范围内不受产量和商品流转量变动影响的那部分成本。固定成本大部分是间接成本，它包括企业管理人员的薪金、固定资产折旧和维护费、办公费等任何和产量水平相关的成本。当产品产量和商品流转量的变动超过了一定范围时，固定费用就会有所增减。可变成本按比例与生产的产品数量或产品单位直接相关，它包括原材料和运输费用。降低固定成本有两个途径：一是减少一定时期的固定成本费用，二是在一定范围内增加产品产量。文化产业是一种创意产业，许多创新活动的成本都是固定而且是隐没的。固定成本不会因产品生产数量的变化而变化，如果某项固定成本保持不变，那么随着生产数量的增加，该生产活动中的平均总体单位成本将下降。隐没成本也称为沉没成本或已支付成本，是指那些对一项生产活动必要且不会随着生产活动停止而被收回或撤销的成本。隐没成本不是固定不变的，可能会随着生产规模的变动而变化。

文化创意产业成本核算是成本管理工作的重要组成部分。文化创意产业的成本核算是指在文化创意产品生产和文化创意项目服务过程中，对所发生的费用进行归集和分配并按规定的方法计算成本的过程。成本核算的正确与否，直接影响文化创意企业的成本预测、分析、考核和改进等控制工作，同时也对文化创意项目的成本决策和经营决策的正确与否产生重大影响。通过成本核算，可以监督和考核预算及成本计划的执行情况，反映成本水平，对成本控制的绩效以及成本管理水平进行检查和测量，评价成本管理体系的有效性，研究在何处可以降低成本，并进行持续改进。

传统产业的成本管理主要通过减少各种服务项目或内容、降低原材料的采购价格、减少各项显性支出等短期行为来达到节约开支、控制成本的目的。这种为降低成本而降低成本的方法并没有把成本管理和竞争优势结合起来。而文化创意产业的成本管理主要通过挖掘文化商品的隐没成本，将成本信息的分析和利用贯穿于战略管理，为每一个关键步骤提供战略性成本信息，自始至终取得成本优势，从而形成文化创意产品和服务的竞争优势，提高核心竞争力，并领先于对手。

文化创意产业是一个高投入、高风险的产业，成本控制是保证文化创意企业获利的重要环节。在有效地发挥文化生产力要素潜力的情况下，尽量降低成本，是文化创意企业生存和健康发展的必要条件。一般生产型企业最大的支出可能是大型的厂房和设备，以及大量使用的原材料，但对于文化创意产业而言，尽管也有昂贵的技术设备投入，但在生产场地和原材料消耗方面的问题却相对不是最主要的。对于文化创意产业这样一个知识密集型产业来讲，人才因素是第一位的，因此成本和效益控制的重点在于人。对于市场发育尚不充分、产业链还不十分健全、市场环境还有待优化的我国文化创意产业而言，除了需要大量的专业技术人员外，还迫切需要高级策划和市场营销人才，而雇用这类人才的薪金报酬占总成本的比例明显大于普通产业中的相应比例。

四、文化创意产业管理的发展趋势

(一) 完善管理理论体系

广泛吸收西方经济学、管理学等学科的成果和科学的理论，提升基础研究成果水平，构建指导文化创意产业实践的管理理论体系，使文化创意产业管理理论系统化，是我国文化产业管理发展的重要目标。要高度重视文化创意产业管理基础理论研究，使文化创意产业管理理论的学理基础能够夯实，既防止理论脱离实际的片面性，又提升文化创意产业管理理论的科学性。

注重从经济学和管理学的角度研究人的文化创造因素。人是管理的核心，人的文化生产和人在其他方面的生产是不一样的，研究人的文化生产及其特征，并建立某种理论模型，具有特别的价值。尽管人们在一个组织或部门中工作和进行文化生产，但文化生产的高度创意性使他们在思想、行为等诸方面，容易与组织不一致。研究人的文化生产因素，就是要注意人的社会性和文化性，要对人的文化需要予以研究和探索，使文化生产的经济价值得到最大限度的发挥。

高度重视非正式组织的作用，即强调"非正式组织"在文化创意产业发展中的作用。非正式组织是人们以感情为基础而结成的集体，这个集体有约定俗成的信念，人们彼此感情融洽。加强对非正式组织在文化创意过程中的作用的研究，就是要进一步认识文化的集体创意机理、知识溢出的作用过程，从而进一步厘清非正式组织在文化创意过程中的作用和特点，深化对文化生产和服务的研究层次。

重视理论联系实际，把经济管理学和产业管理学的理论方法与分析工具同文化产业管理实践结合起来，针对文化产业管理实践进行理性分析与归纳，找出文化创意产业管理的基本规律和基本方法。文化创意产业研究及管理部门要乐于接受新思想、新技术，把经济管理学科中成熟的诸如质量管理、目标管理、价值分析、项目管理等方法手段应用于文化创意产业管理实践，从而创造出符合我国文化创意产业管理实际的理论和方法，形成具有中国特色的文化创意产业管理理论。

(二) 力求管理科学化

随着社会的发展与科学技术水平的迅速提高，先进的科学技术和方法在管理中发挥的作用越来越大。我们必须广泛地运用先进的管理理论与方法，促进管理水平的提高。加强文化创意产业管理信息化建设，强调信息设备和信息系统在管理中的作用，强调及时和准确地采集、分析、反馈信息。文化创意产业管理部门必须利用现代技术，建立、完善信息系统，以便有效、及时、准确地传递信息和使用信息，促进管理的现代化。

促进管理效率与效果的结合，文化创意产业管理的目标不仅是追求效率，更重要的是要从整个文化发展的角度提高文化创意产业管理的整体效果以及对社会的贡献。要把效率和效果有机结合起来，从而使文化创意产业管理的目的体现在效率和效果之中。文化是最能够创新的领域，经济社会的迅速发展，文化建设的不断繁荣，要求文化创意产业管理不断创新方法、手段和路径。同时管理本身就意味着创新，要永不满足现状，采用科学的方法，推动文化创意产业管理创新和变革，从而使文化创意产业管理更加适应经济社会条件的变化和文化发展的要求。

第五章　文化产业发展与文化软实力提升的关系

在新时代的消费社会背景中，文化产业逐步发展起来，其形成与人民群众日益增长的文化消费与精神消费的需求相适应。对于文化软实力的提升而言，文化产业的发展具有十分重要的意义与价值。本章分为文化产业发展与文化软实力提升的内在关系、文化产业发展对文化软实力提升的现实意义两部分，主要内容包括文化产业发展是文化软实力提升的前提和根本，文化软实力提升是文化产业发展的核心和体现，文化产业发展有利于有效表现文化软实力、有利于增强中华民族的凝聚力和感召力等方面。

第一节　文化产业发展与文化软实力提升的内在关系

一、文化产业发展是文化软实力提升的前提和根本

文化软实力是一个综合而复杂的概念。它作为一种无形的精神力量，需要通过一定的表现形式和途径才能被大家感知。而文化产业就是文化软实力的重要表现形式之一，它是提升文化软实力的重要途径。文化产业作为具有物质属性和精神属性双重特点的特殊行业，既能为社会的发展带来经济效益，又能满足社会的精神需求，同时能将中华文化有效地传播到国际社会，有助于提升我国的文化软实力。

国家文化软实力需要面向世界进行展示和传播，而文化产业能够承载着文化软实力迅速地向世界市场传播。文化产业能够带动文化的传播和对外辐射。因为文化产业具有丰富多样的形式和种类繁多的形态，它能够将优秀的中

华文化寓于文化产品之中，在国际文化交流与贸易中得到良好的传播，占据一定的地位。经济全球化的迅速发展为文化产品的消费提供了广阔空间。

消费者会潜移默化地对输出文化产品的国家和地区的文化有更多的了解，甚至能进一步接受附着在文化产品上的价值观和意识形态。一个国家的文化软实力可以在大众之间形成更大的影响力和辐射力，有效的文化输出是一国文化软实力的体现。文化产业的开发、文化市场的争夺都已成为当今世界各国开展文化软实力竞争的重要内容和领域，文化产业对文化软实力的提升起到了强大的支撑作用。

文化产业作为文化软实力的前提和根本，其自身竞争力的提升也能增强文化软实力的竞争力。近年来，不少经济发达国家都把发展文化产业摆到经济社会发展的重要位置，文化产业已经演变成新的经济增长方式，逐渐变成支柱性产业。文化产业规模超过了农业等传统产业，在国民经济中的比重逐年攀升，甚至成为这些国家出口创汇的重要来源。

文化产业的高度发展，不但促进了国家国民经济水平的提高，而且在客观上为国家文化的传承、保护和创新提供了雄厚的资金支持和高效的运作方式，从而提升了文化的生命力、创造力。文化产业又好又快发展，必然会带来文化软实力的提升，为经济建设带来可观收益的同时，也为文化建设做着突出贡献，为人们提供一种优越的生活方式。

文化产业是文化软实力重要的物质基础，文化产品和服务的需求量的增加使文化产业真正成为拉动经济增长、促进消费、增加第三产业实力的有力力量。文化产业带来的经济效益的提升，有利于我国软硬实力协调发展，提升国际话语权，提高国际竞争力，进而有利于中国特色文化软实力的提升。

如果我们只是盲目地保护和宣扬中华文化的优越性，而不是寻找方式和措施使中华文化走出去，那我们将在国际上失去竞争力，失去市场占有额。由此，我们就要通过文化产业这一重要途径，把主动权掌握在自己手中，才能支配权利，获得利益。同时，把我国丰富有利的文化资源加以开发、包装与改造，转化为大众乐于接受的文化产品乃至文化精品，充分利用国际国内两个市场，才能在国际文化市场竞争中脱颖而出，才能够维护国家文化安全，增强国际竞争力，对文化软实力的提升给予强大的支持。

二、文化软实力提升是文化产业发展的核心和体现

文化软实力是一国综合国力的重要组成部分，它能够为经济和社会发展

提供不竭的精神动力和智力支持。而文化产业是文化软实力的重要表现形式，文化软实力的提升水平同样影响着文化产业的发展水平，它是文化产业发展的核心和体现，对文化产业具有积极的引导作用，指导文化产业朝着合理化、清晰化的方向前进。文化软实力作为一种国家竞争力，也会为我国文化产业增加实力。

中国先进文化是科学的、大众的社会主义文化，是保证中华民族生命力旺盛的根本。首先，文化和经济一样也是一种生产力，是保证一国生存的根本。文化反作用于经济的间接生产力已得到完全赞同，而文化作为经济发展的新的增长点还在开发利用中。其次，先进文化是一种动力，是一种超前的指向，现代科学技术的发达使人类越来越能够对未来世界的发展走向做出预计，并能够在很大程度上接近社会发展的规律。将先进文化内涵和科学技术寓于文化产业的建设之中，必然能够提高文化产业发展的水平和层次，生产出具有核心竞争力的文化产品。软性文化的力量在文化产业发展中起到了重要的引导作用。

随着经济文化一体化发展趋势逐渐明朗，文化软实力与经济相结合，能够生成一种生产力，它可以直接给文化产业发展带来深远影响和经济效益。我国作为一个发展中国家，经济的后发优势决定着文化软实力的后发优势。这种后发意识能够形成一种强烈的发展意识，最大限度地推动中国特色文化软实力的发展。而我国在学习和借鉴发达国家先进技术经验和文化理念的同时，能够少走弯路，加快实现文化产业结构升级和转型。文化软实力的大力提升，使我国能够在国际上拥有一定的地位和话语权，从而推动文化产业的发展，扩大文化产业的传播范围，更加有利于文化走出去和将文化产品输送到世界各地，从而宣扬中华优秀传统文化和价值理念。

国家文化软实力的提升也有利于丰富精神文化生活，生产出满足人民精神需求的文化产品，促进大量的文化产业兴起和壮大。实现文化小康是全面建设小康社会的重要目标，也是衡量社会文明程度和人民生活质量的显著标志。随着人民物质生活水平的不断提高，人们在精神文化方面的需求日趋旺盛，求知、求乐、求美的愿望更加强烈。殷实富足的小康生活离不开文化的滋养和支撑。健康的文化产品和丰富的精神享受能够陶冶情操、愉悦身心，可以充实精神世界、提高生活质量、舒缓心理压力，进而促进人的全面发展。

第二节 文化产业发展对文化软实力
提升的现实意义

一、有利于有效表现文化软实力

文化软实力作为一个复杂的概念，它是无形的甚至是抽象的，有学者提到相对于"硬实力"而言，"软实力"更体现为一种无形的精神力量。那么这种无形的精神力量在现实生活中需要借助一定的表现形式才能被人们感知。一个国家的文化软实力可以通过国家的政治价值观、外交政策、各种文化现象体现出来，文化产业是文化软实力的重要表现形式之一。

一个国家的文化软实力是要面向世界进行展示和传播的，文化产业形式丰富、种类繁多，能够占据一定的市场。我国的文化事业、传统文化等文化现象更能承载着文化软实力迅速向国际市场传播。文化产业将多元开放的华夏文明、文化产品中的国家艺术形象在国际文化交流与文化贸易中进行广泛传播，同时也能切实维护国家文化安全。例如，中国景德镇瓷器就能很好地代表中国对外进行文化传播，既能将我国的传统技艺传播给世界，也能促进国际间文化的交流。

另外，文化产业丰富的内容中有许多都是大众喜闻乐见的东西，例如歌曲、影视作品、书籍、民间文化艺术等，这些内容既包含了"精英文化"也包含了"大众文化"，可以使国家文化软实力在表现上更具备内容具体且通俗易懂的优势。但是文化产业对文化软实力的表现还不仅限于此，文化产业近年来的发展也十分重视对大众文化的提炼，也逐渐上升到意识形态的层面，进而上升到国家文化软实力的高度。因此，可以说文化产业对文化软实力的表现过程是"文化软实力—文化产业—再提升为文化软实力"，这是一个循环上升的过程。

二、有利于增强中华民族的凝聚力和感召力

在文化产业发展的舞台上，可以认识到不同的民族文化、不同的民族形象，展示不同的民族风格。文化产业为中华民族提供了坚实的物质基础和良好的文化发展条件。民族精神包含民族凝聚力，它影响着人们的行为和举止，贯

穿于民族发展过程的始终。而文化深深扎根在民族的凝聚力之中，文化软实力又是一种强大的力量，为激发民族凝聚力提供源源不断的能量。所以，发展文化产业不仅能够带来中国特色文化软实力的提升，还能增强民族凝聚力、提升民族的自豪感和自信心，大力弘扬中华优秀传统文化，增强国际竞争力。

文化软实力通过文化产品与服务传播思想、文化、情趣等，旨在引导、感召和影响人们的思想和行为，丰富人们的精神世界，加强精神文明建设。人们通过消费的形式使用文化产品，实现文化带来的可观效益。从教育的角度来讲，文化产业不仅可以在市场机制的引导下创造出更多的优秀文化作品，而且可以在社会各领域中进行更广泛的传播，加深先进文化对人们的教育和影响。

近些年来，红色文化产业即以红色歌曲和影视为主的产业类型发展势头强劲。这种类型的产品具有生命力和感染力，具有教育和引导人们思想和行为的作用，使人们产生崇高的理想追求，去努力开拓事业。文化产业的教育功能可以提高人们对于先进文化的执着追求，自觉地抵制各种腐朽文化对人们的侵蚀，增强我国文化的凝聚力和吸引力，全面提高国民的素质。目前文化产业消费群体增大、销售范围拓宽，如手机媒体、数字电影等新兴产业大量出现，使文化繁荣发展，进而增加了民众对文化的认同感和文化的感召力。

三、有利于提高社会公众文化审美力和艺术鉴赏力

文化需求量的增大可以说是由经济水平的提升和生活质量的提高决定的。目前美与乐的追求已经成为人们日常生活的重要部分，高质量的产品和服务才能不断满足人民的文化需求。在文学、电影、艺术、传媒等具体的文化产品和服务的形式日益丰富的同时，人们的审美水平也发生了变化，社会公众的文化审美力和艺术鉴赏力提高了。我国各相关产业在文化艺术创作过程中一直秉承着弘扬主旋律、倡导民主与正义的原则，对社会基层群众的需求给予了各方面的关注。在电影产业中推出一系列具有现实意义、引起共鸣的电影，采用丰富多彩的艺术创作形式，具有贴切群众、贴近生活的特征，提高了公众鉴赏能力，使公众在开阔眼界的同时也增加了生活情趣和乐趣。

优秀的文化产品能够凝聚民族共识，令人身心愉悦。文化产品和服务在满足人们的精神需求的同时，也使个人从中感受艺术的魅力，受到艺术的感染和熏陶，从整体上提升民族的整体艺术素养和审美水平，起到鼓舞人心的作用。文化产业也承担着宣扬中国思想和价值观、传播中国声音的重要任务。

文化产品就是最好的宣传形式，产品的开发、输出起到了良好的沟通和交流的作用，这也是使各国更加认同中国特色文化软实力的重要路径。文化产

业在参照现实需要和采用丰富多彩的形式开展之外也要提高可观赏性，实现商业、艺术等形式的交融，使高水平的文化产品和服务能够更加贴近大众，贴近生活，实现思想道德素质和科学文化素质的同时提升，满足人们的精神需求。

文化产业在发展中还要注重社会公众的艺术素养的提升，提高人们对文化产品的鉴赏能力，积极开发健康向上的产品，这样的文化产业便能成为提升中国特色文化软实力的重要途径。

四、有利于提升社会主义核心价值观的塑造力和传播力

社会主义核心价值观是我国文化产业发展过程中一直坚持的原则，是中国特色文化软实力的核心。而文化产业可以有效地传播和塑造社会主义核心价值观，它拓宽了社会主义核心价值观的传播领域和范围，使其延伸到社会的各个领域和人们的日常生活之中。当前文化产业逐渐走入人们的日常，影响着人们的思想观念和行为方式。而文化产业也通过市场化的流通手段使社会主义核心价值观得到了更广泛的传播。

文化产业对社会主义核心价值观的塑造和传播使社会主义核心价值观的传播方式发生了质的改变，呈现出潜移默化、深入人心的效果。文化产业俨然成为意识形态建设的新兴载体和关键选择。文化消费是文化产业的重要环节，只有了解消费者的需求，才能够创造出大众喜闻乐见的文化产品，得到广大人民群众的认同与喜爱，带来可观的经济效益。

以说教形式进行社会主义核心价值观的传播已经不适合当前发展的形势，宣传效果不明显。而文化产业的出现改变了这一局面，它的有力传播方式更容易被大众接受。当文化产业生产出具有传播意义的文化产品时就已经达到了对外宣扬价值观念的目的。

此外，这些高质量的文化产品同时兼具着社会责任感，在宣传我国优秀价值理念的同时也对抵制西方国家的价值输入、腐朽文化侵蚀做出应有的贡献。弘扬核心价值观的文化产品使我国的价值理念传播到世界各地，展示出强大的影响力。

五、有利于提升中华文化的创造力和国际影响力

中华民族历史悠久，文化源远流长。中华民族传统文化对凝聚和团结各族人民具有重要的纽带作用。传承中华文化的基本精神是文化产业发展的重要任务。

当今的中国社会，文化门类和文化产品复杂多样，冲击并改变当代中国人价值观念的产品也非常多。无论是传统的传播媒体还是新兴的网络传媒皆能对人的观念和行为产生不同程度的影响。优秀的传统文化产业可以适应现代市场的需求，使优秀传统文化得以传承。在拥有丰富文化资源的基础上，统一本民族的文化品牌，对内要增强国人对文化的认同感，对外要彰显中华文化的特色，充分发挥文化软实力的作用。

文化产品包含创意、知识、科技等，文化产品输出的同时传播着文化和思想观念。传播各国文化和促进国际文化交流可以通过文化产品这一媒介进行。世界各国和地区都将增加文化产品出口作为提高本国及地区文化影响力和竞争力的重要手段。近几年来，国家间大型的文化交流活动陆续启动，许多优秀文化节目成功走出国门，演出、电影、动漫、出版等产业渐渐融入世界潮流，达到了良好的文化传播效果。优秀的中华传统文化由于创新的模式具有生机与活力，向世界各国展示了中国丰富多彩的文化，而且让国际社会都了解甚至喜爱中华文化，对于增强我国文化的凝聚力，提升感召力，促进国际文化的交融发挥了极大的作用，也为进一步提高国家文化软实力提供了新理念、新思维和新途径。

具体来讲，主要表现在以下两个方面。

第一，能够提升文化软实力的影响力和辐射力。文化产业是文化产品生产和消费的过程。文化企业根据市场的需求生产文化产品，销售给消费者。这个过程是一个价值的增值过程，这一过程也实现了文化价值的转移，这也正是文化产业的重要作用之一。

文化产业能够带动文化的传播和对外辐射。经济全球化的迅速发展为文化产品的消费提供了广阔空间。尽管消费更多的是消费者个人层面的事情，但是消费者会潜移默化地对输出文化产品的国家和地区有更多的了解，甚至能进一步接受附着在文化产品上的价值观和意识形态。一个国家的文化软实力可以在大众之间形成更大的影响力和辐射力，有效的文化输出是文化软实力力量的体现。

第二，文化产业发展能增强文化软实力的竞争力。文化产业作为文化软实力的重要表现形式，其自身竞争力的提升也能增强文化软实力的竞争力。

我国文化产业的发展是晚于西方国家的。文化产业在我国刚一起步，即面对国内国际复杂竞争局面，如何应对竞争，如何获得市场支持，这一点受到了国家政策层面和国内学术界的重点关注。经济全球化迅速发展，增进了各国之间的文化交流、促进了国家文化产业的发展，但同时也加速了部分国家的文化扩张和文化侵略。我们要维护国家的文化安全、维持国家文化生态平衡，就得提升文化产业的竞争力和其发展的稳定性。文化产业的发展程度是评估一个国家文化软实力、文化竞争力与文化安全风险的最重要指标之一。

我国的文化产业发展到今天，也取得了一定的成就，若是能进一步将我国的特色文化资源变成文化产业的优势，能大大提升我国文化产业的竞争力，更能振兴我国的文化软实力；在传承我国传统文化的基础上，文化企业应勇于创新，开发创意文化产品，打破传统意义上的文化独享性，打破文化的地域限制，创造出有中国特色但又能被其他国家所接受的文化产业品牌，提升我国文化产业的竞争力和传播力，使我国的文化软实力更具有吸引力、感染力，进而增强我国文化软实力的竞争力。

第六章　文化软实力视野下
文化产业的发展路径

文化创意产品是高收入弹性消费品，因此国民收入水平、国家文化产业竞争力都与其密切相关。随着科学技术水平的提高，支撑、聚集、融合的规模效应越来越明显，越来越健全的知识产权保护以及文化产品消费需求的上升，得到了社会各方面以及社会资本的青睐。因此，文化创意产业的发展是推动文化创意产品发展的动力之一，也是国家、城市区域跨越式发展的动力之一。本章分为新兴文化产业的发展现状和基于文化软实力作用的文化产业发展途径两部分，主要内容包括我国新兴文化产业发展现状、我国新兴文化产业发展存在的问题、新兴文化产业发展存在问题的原因等方面。

第一节　新兴文化产业的发展现状

一、我国新兴文化产业发展现状

近年来，新兴文化产业发达的国家凭借雄厚的财力资本和高新技术优势，伴随网络、数字、网络出版等层出不穷的新的文化业态，生产出的与文化相关的产品和服务类别也逐渐增多，该产业发展的范围也随之扩大。实践表明，新兴文化产业正逐渐成为促进我国新经济增长点发展的有力支撑，在经济增长方式转变和重构中发挥的作用也逐渐被肯定。

在现代科学技术迅猛发展的今天，新兴文化产业已经表现出巨大的技术发展潜力和良好的发展势头。近年来，国家明确提出扎实建设社会主义文化强国的战略任务，并出台了推进文化改革和发展的一系列文件和政策。新的文化体制改革的不断推进有利于该产业优化发展环境和扩大规模，吸引更多投资，文化服务水平也随之得到很大的提高。当前我国新兴文化产业发展的主要特征是实现文化与科技融合。随着现代科技的流行和普及，我们的生活早已离不开移动产品。信息技术的广泛应用改变了过去人们传递信息的固有方式，互联网技术的发展为新兴文化产业的发展提供了新的途径。政府有关部门认真贯彻国家政策部署，积极推进文化产业资源整合，在我国发展新兴文化产业过程中，新生的文化龙头企业规模不断扩大，对新兴文化产业发展的贡献程度显著增加，并成为新兴文化产业发展中的主要经济增长来源。

我国有着十分广阔的新兴文化产业发展市场。市场在不断丰富文化产品的过程中，以满足社会大众需要为依据，不断提高产品和服务的质量，提升文化品位。所以，我国的文化企业在生产制作文化产品的同时，必须时刻以大众需要为参考。社会在不断进步，经济在快速发展，人们对于生活层面的需求也处于不断提高的过程中，人们的精神文化需求也随着物质生活水平的提高而变化。

（一）新兴文化产业体系初具规模

改革开放以来，我国新兴文化产业发展比较迅速，并且取得了长足的进步。在众多组成部分中，新兴文化产业的一个重要组成部分——文化创意产业领域得到了政府的大力支持。信息技术的发展、人民大众的消费升级以及对精神文化产品的需求不断增加，数字文化产业走进了大发展时代。很多文化企业调整工作发展方向，使传统文化产业与旧有发展形式分离，与现代科技和数字信息技术相融合，近两年的工作业绩迅猛增长，充分显示出数字信息文化产业近年来的受欢迎程度。郑雄伟指出："随着信息网络技术的发展，中国的电子技术也发生了翻天覆地的变化，带动了数字文化产业的发展。自 2010 年以来，上市公司营收增速始终保持在 20% 以上。"

移动多媒体领域，随着互联网流量使用用户的增加，移动数据的使用市场日益扩大。网络视听领域，全国直播节目平台发展迅速，其中网络自制节目、网络微电影等原创型节目数量飞速增长，网络视听市场需求也呈现日益增长的趋势。绝大多数用户选择使用手机来观看视频，同时利用电脑、平板、网络盒子等家庭影音设备进行消遣也成为一种新兴的娱乐方式，不同的设备满足消费者不同的需求，网络视听领域也呈现多样化发展趋势。

动漫游戏领域，游戏市场持续扩张，新产品层出不穷，吸引用户不断进入，游戏用户规模呈逐年上升趋势。动漫行业在产业融合、宣传推广、税收优惠、资金扶持等方面都受益于政策支持，迎来利好，发展迅速，在弘扬正能量的同时深刻践行主流价值观导向，文化价值进一步提升。

（二）高科技迅猛发展为文化产业提供了技术支持

文化产业的兴起与发展有其深刻的文化背景和社会根源，技术革新是文化产业的先导和支撑。在我国，深化改革和发展市场经济是文化产业兴起与发展的根本动力。在经济全球化的今天，未来发展文化产业将以高科技为支撑，文化产业结构的战略性调整将依靠高科技信息产业来带动。在互联网普及过程中，新的文化产业群将逐渐成为主流，传统文化产业所占比重将在日后的产业结构中得到根本性的颠覆。文化产业由过去单一的硬件竞争逐渐成为影响产业发展的软实力的竞争，在传播互动性、传播速度、传播方式上产生划时代的变革。文化与科技相互融合是文化产业永恒的命题，科技创新和推广带来文化的革命性进步，文化发展中最活跃的因素是科技，相互交融日益加深的科技与文化间相互促进，正形成 21 世纪一场前所未有的引领文化产业发展的巨大变革。

"软实力"成为文化产业的"芯片"，在塑造和提升国家形象、弘扬本民族优秀文化的同时，以及与其他产业领域相融合的过程中，都日益显现出重要的作用。近些年来，市场开发能力不断增强，科技创新能力日新月异，在一些主要发达国家，现代化、数字化的文化产业发展突飞猛进，该领域逐渐成为转化财富的倍增器，同时将该领域产品用于传导西方国家主流价值观，更成为西方文化在全球范围内传播的利器。

为文化产业插上科技翅膀飞速前进，全球数字内容产业规模逐年提高，互联网衍生出来的产业价值正在悄然裂变、成倍增长。全球电脑游戏行业已与电影、电视、音乐等并驾齐驱，成为最重要的娱乐产业之一。

我国作为正在崛起的发展中国家，伴随着经济的快速发展、文化基础设施的建设，数字技术与传统技术相互融合所带来的巨大推动力促使文化产业迅猛发展。跨界合作、扩大产业规模，势必成为我国文化产业快速发展的途径。

（三）新兴文化产业与科技融合步伐不断加快

我国新兴文化产业与科技融合，深入实施科技催生战略，提升自主创新能力。互联网、数字技术、计算机信息技术等的出现，带动了各种文化产业的发展。例如，最早的纸质图书发展成为现在的电子图书；以前我们通信主要依靠信件、电报等方式，如今网络盛行，社交网站数不胜数，如我们常用的微信、微博等；传统的演出和表演等引入现代科技后，以新的形式和新的内容向观众展示。

传统文化产业的转型和新兴文化产业的形成是通过现代科技发展而形成的。同时，网游、动漫等现代科技多媒体融合的成果，也逐渐在市场上占有重要的地位。信息科技使图像、文字、音像等内容重新整合，突破以往文化产业的固有模式，实现多领域文化产业的资源整合，促进了全新文化形态的形成。

科技支撑促进新兴文化产业的发展。例如，网络特效、3D 和 4D 等数字技术在电影、电视制作中的广泛应用，让人们切实有效地体验和经历，这是与传统文化产业的最大区别。现代科技的应用也为多媒体行业的发展提供了发展环境，不仅丰富了文化产品的内容，也提升了文化娱乐事业和文化产业的活力。

我国科技部认定部分城市为首批国家级文化和科技融合示范基地，已经建立了一整套完整的文化科技融合产业发展机制，激发了文化科技创新动力，释放了文化资源要素配置活力，文化和科技融合产业正逐步成为我国新兴文化产业发展的驱动引擎和经济转型创新的重要支柱。

从行业分布方面看，部分城市的文化和科技融合产业主要集中在文化创意服务业、文化服务业、文化产品生产业和出版发行业，其中文化创意服务业是文化和科技融合产业核心板块。我国未来文化科技发展的趋势必然是要继续依靠科技的进步而抢占最高点，使文化产业创新成为新业态。对传统文化产业进行升级优化，是对我国文化产业发展方式的创新。文化产业结构的重组整合，代表着我国文化市场将会迎来新一次的技术革命。

（四）新兴文化产业表现出集群化趋势

我国新兴文化产业集群化发展是相互联系且独立的，是将我国丰富的文化资源和文化企业相关联，在一定范围内根据各自不同的分配任务而建立起来相互合作的联系，相互促进、相互扶持。当前我国文化市场的战略目标就是支持国家支柱性产业的发展，推动我国新兴文化产业发展的最有效路径是新兴文化产业集群化的形成。

第一，我国不同产业集群的发展和特色各不相同，总体实力也呈现东高西低的形势。北京和上海逐步建立文化产业集聚区，其他省市纷纷效仿，文化产业集聚区盛行。当前，我国已经形成的产业集聚区有 6 个，各有特色，分别是：首都文化产业集聚区，以北京为主；长三角文化产业集聚区，以上海为主，南京、苏州等地为辅；珠三角文化产业集聚区，以广东和深圳为主要发展地区；滇海文化产业集聚区，以云南昆明为主；陕川文化产业集聚区，则以西安、成都为主；中部文化产业集聚区，以湖南长沙为主。其中，由于拥有科学技术水平高、信息沟通快、国际交流频繁和人才充足等巨大优势，东部沿海城市的新兴文化产业发展遥遥领先于中西部地区。相关数据表明，我国东部沿海地区在新兴文化产业发展的过程中，企业数量、文化产业从业人数和资产比例都高于中西部地区。

第二，借鉴大型企业集群化成功经验，中小文化企业开始集群化发展。国际市场中大型文化企业在产业发展过程中展现出来的技术、规模和投资资金的优势，吸引了大多数中小企业走上效仿集群化发展的道路。经济市场中，中小企业的发展具有一定的企业特色，不仅可以在市场竞争中占据有利的位置，还解决劳动力的就业问题。谢蓉莉认为，中小企业集群化发展在很大程度上促进了东部省份经济的发展。

二、我国新兴文化产业发展存在的问题

（一）文化管理体制的制约

在我国社会主义市场经济条件下，提升文化企业市场竞争力和突破力则必须要有宽松的文化政策和与之相适应的文化管理体制。在市场经济主导条件下，文化企业的一切经营活动都离不开文化管理体制，政府制定的政策法规同样是利用经济手段，引导、促进和保障文化产业高效有序发展。其中国家支持保障文化公益事业的发展政策，包含税收政策、投入政策、奖励政策等，为支持促进文化产业发展，国家先后出台了一系列的奖励政策、分配政策以及市场准入政策。

在新兴文化产业的发展过程中，仅仅依靠文化企业的自身力量难以获得其发展所需的资本，而必须依赖政府的政策和国家的文化管理体制来保驾护航。当前，新兴文化产业在发展过程中，依旧是自主经营、自负盈亏的模式，以企业法人和市场为主体，那么资产重组、资产兼并、投融资的经济手段和经济行为在某种程度上制约着企业的发展。

事实上，新兴文化产业在实际生产领域中，融资难，贷款难，早已是不争的事实。国家政府对文化企业的融资，尤其是短期流动资金融资，在政策上要加大扶持力度。

金融机构放贷难。我国文化产业起步晚、规模小、抗风险能力弱的特点使评估难以实现，加之由于产业的特殊属性，高投入不一定会高回报的变量使市场风险加大，这种不确定性导致从银行贷款难以顺利实现。

政府应针对文化产业的特点，进一步完善多元化多渠道的投融资机制，提升文化企业的直接融资和抗风险的能力。加强文化市场经济体制的建设，重视科技创新的无形资产及文化版权的属性，明确产业基金投资方向。

（二）经济社会环境不够理想

与目前消费总体水平和人均 GDP 相比，中国文化消费相对比重下降，总量低的状况比较突出，有利于产业发展的经济社会环境尚未很好地营造起来，还有很大的改善空间，主要表现在：文化体制改革尚待深入和全面化，文化产业化意识还没有真正形成；文化创意产业的发展需要发达的经济支撑，但中国经济还有很大的发展空间，对文化创意产业的投入还明显不足，工业化程度也对文化创意产业的发展造成一定制约；激励创新、包容创意的氛围还不够浓厚，文化创意产业的基础设施以及公共服务体系也尚未有效建立。

中国文化产业消费市场未打开的原因主要有三个方面。首先，中国城乡之间不同阶层居民之间收入差距拉大。目前，低收入群体扣除必要的开支以后，可用于文化产业消费的支出较少，消费能力严重不足。其次，住房、医疗、教育的支出限制着大众消费能力的释放。最后，目前中国的国民教育水平还偏低，消费主体对文化产业和文化产品的认知程度还不是很高，消费意识淡薄，消费观念落后，致使娱乐性文化消费缺乏其应有的市场。

（三）文化产品与艺术作品分野

在传统的艺术观念中，不论是文化商品还是工业商品，都一向被认为是艺术的荒原、审美的沙漠。而在文化产业的发展时代，文化产品则具有了一种特殊的意义，它和艺术、美学、情感的交界地带越来越宽广。虽然文化产品满足的不是人的物质需求，它既不能吃也不能喝，没有任何实用功能，但是，它满足的却是人的精神需求，它制作的是心灵药剂，销售的是审美的愉悦。现在，艺术与产业之间再也没有截然对立的分水岭，作品与商品之间也消失了绝对的隔离带。英国伯明翰学派的代表人物约翰·费斯克提出，在消费社会中，所有的商品既有实用价值，也有文化价值。所以，在文化产品的流通过程中，流通的并不仅仅是产品与货币，而且还有意义和快感，作为文化消费者，就变成文化产品意义与快感的再度生产者。在这种文化产业结构中，原来的商品（无论是电视节目还是牛仔裤）都变成了一种具有潜在意义和快感的话语文本，一种生成大众文化的重要资源。我们可以不接受费斯克的观点，却不能不正视他指出的这种变化。

在文化产业研究的视野内，我们所说的文化产品与艺术作品并不是两个相互重合的概念。文化产品是需要通过规模化生产、市场化运作、商品化流通的一种文化消费品，它不是那种放在家里供人消遣、挂在墙上供人解闷的艺术品。后者意义上的艺术品不属于我们讨论的范畴，因为文化产业是一种通过创意来赢得观众的行业。文化产品不仅要满足大众的消费需求，而且还要"兑现"大众当下的文化想象。所以，我们不能总是把电影的商业价值与文化价值对立起来，也不能把电影的经济责任与文化使命分隔开来。其实，文化的传播本来就要依靠商业的平台，文化不是飘浮在空中的海市蜃楼，文化的传播就像卫星电视的转播一样，它的信号必须落地，必须找到它的有效载体。

事实上，一个国家文化商品的市场在哪里，它的文化影响力就在哪里。美国文化的影响力是与好莱坞电影、电视剧，甚至与波音飞机、福特汽车、万宝路香烟、麦当劳快餐、可口可乐饮料联系在一起的。文化产品的销售额、电视节目的收视率、电影的票房收入这些商业指数，都不是与文化传播效应相分离的经济收益指标。一般情况下，一部电影的票房收入越高，证明它的文化影响力越大，社会大众的认同度越广。我们不能够再把文化产品的商业成就与它的文化诉求截然分开，更不能刻意地把两者在价值观上对立起来。中国的文化要走向世界，首先要使我们的文化产品在海外主流的商业市场上有一席之地。

（四）总体规模偏小，结构不合理

我国新兴文化产业作为朝阳产业，近年来，其年均发展速度达 16% ～ 20%，已经超过了国民生产总值的总体发展水平。但是，与英、美、日、韩等新兴文化产业发达国家相比较，我国的新兴文化产业不管是在文化产品、产业规模还是市场竞争等方面，都有一定的差距。

我国新兴文化产业总体规模偏小，结构不合理主要表现在：

第一，我国新兴文化产业发展规模较小。目前，我国大多数文化企业都是将现代科技作为转型依据，只专注于做文化内容，缺乏对时代的认知和对人性内涵的挖掘，文化作品缺乏打动人心的力量，所以目前新兴文化产业应打造业内的知名文化品牌，增强市场竞争力。以河南省的新兴文化产业发展问题为例，近几年来，虽然新兴文化产业总体规模不断扩大，增长速度不断加快，但是新兴文化企业规模普遍偏小，新兴文化产业总量不大，占全省国内生产总值的比重仍然偏低。

新兴文化产业生产结构与市场需求结构不适应。近年来消费者的消费需求表现出多样化、多方面和多层次的特点。文化产业发展过程存在着产品结构不合理的特点，现在很多企业均处于发展不成熟阶段，缺乏文化产品特色，盲目跟风且缺乏原创，市场销售局势不是很乐观。结合我国当前新兴文化产业的发展态势，与西方发达国家文化产业相比，我国新兴文化产业应该提升产品附加值、产品的品牌效应、科技水平和市场竞争力。

第二，新兴文化产业发展呈区域不平衡态势。总体来看，我国新兴文化产业表现出东边高西边低的不平衡发展态势，与区域经济发展格局大致相同。

第三，新兴文化产业科学技术含量偏低。我国熟练运用高科技手段开发特色文化资源、改革传统文化产业、对文化产业进行创新的能力较弱，导致目前我国新兴文化产业科学技术水平仍然处于低水平阶段。近年来，虽然新兴文化产业发展速度较快，但是所占比重较低，数字网络、移动多媒体、网络视听等新兴文化产业占比偏小，同质化现象比较严重。绝大多数的传统文化产业依然占据市场的主要地位，同时也制约着我国新兴文化产业实力的提高。

（五）文化资源没有得到有效利用

1. 粗放式开发利用

我国部分城市为了发展经济，不择手段地对文化资源进行开发，而且打着发展文化产业的名义，如"特色建筑""旅游文化"等，使文化的概念被严重滥用。因为创新不足和文化观念认识的缺陷，加之没有先进的科学技术手段，目前有些企业生产开发的产品都是附加值较低的文化产品，实际的经济效益很低。这种粗放式的开发利用在一定程度上会造成很多具有发展潜力的文化被浪费，失去再度开发的机会。

2. 资金投入不足

发展新兴文化产业是一个长期的过程，一些文化单位都是事业性的非营利单位，所以长期以来开发文化资源的资金并不充裕。投融资渠道单一，企业比较依赖政府，以政府投资为主要资金来源，企业自身投资和创新力度不够，开发文化资源时，如果短时间没有看到收益便会撤资，所以结果总是失败。

3. 整体规划布局缺失

对文化资源不能进行合理整合，而且缺乏纵观全局的意识，特别是对于生态环境缺乏足够的重视和保护。在新兴文化产业发展的浪潮中，在文化资源还没有得到全面评估的情况下，做出一些浪费人力、物力、财力和不切实际的规划，缺少综合考虑未来发展前景的大局意识。农村的传统文化资源非常丰富，具有开发潜力，但是因为农村地区资源比较分散，不能聚集在一起，加之缺乏宣传意识，一些传统文化资源很多时候都处于浪费闲置的状态。如果不将这些珍贵的文化资源整合保护起来，就很难形成具有我国特色的新兴文化产业。

（六）扩散效应没有充分发挥

由于文化创意产业起步较晚，因而仅仅停留在单一产品及服务的开发上，以"一锤子买卖"的面目出现在公众面前，缺乏完整的产业链。此外，一些地方的文化创意产业还停留在简单的生产阶段，缺乏中间产品和衍生产品，没有形成具有完整特色的文化产业链，这些都不利于延长产业链，增加相关文化创意产业的吸引力和竞争力。我们知道，一个产业的链条越长，专业化水平越高，产业规模越大，生产能力就越高，竞争力也就越强，它也才有可能保持长久的生命力。因此，文化创意产业作为新兴产业，打造其产业链条就显得尤为重要。只有根据各地实际情况延长其产业链，开发更多的与之相关的新产品，强化分工协作，文化创意产业才能有竞争优势，也才能够进入可持续发展的轨道。

众所周知，一个产业的发展既需要内部各行业之间的合作，又需要相关产业之间的合作，还需要行业内部区域间的合作，只有这样，某一产业才可能建立起完整的产业体系，形成规模效应，提高资源配置效率，优化产业结构。而现实的情况是，一些地方的文化创意产业内部缺乏整合，企业之间、部门之间、区域之间相互设置进入壁垒，导致文化产业项目规模小、档次低，没有形成整体规划和集聚效应，经历了许多重复浪费式的发展。这种严重的外部缺乏合作、内部缺乏联系的做法，使许多地理位置相近的地方产业趋同，难以将相关的产业链延伸至区域外部，造成了资源的极大浪费和发展的困境。不仅如此，文化创意产业与其他产业之间也缺乏整合机制，比如，教育、科技、旅游等产业是与文化创意产业密切相关的产业，完全可以在发展时将这些产业综合起来加以考虑，而目前一些地方的做法是各自发展，导致同一区域内不同的产业之间各行其是，降低了资源的使用效率，无法形成经济发展的合力，制约了区域内的发展步伐，进而降低了该区域资源的综合效应，对其经济社会发展产生很不利的影响。所以，整合相关产业，尽快形成大型的文化创意企业集团，发挥其规模效应，加强产业内各产业间的关联度，增强其协同效应，是我国文化创意产业应该考虑的又一个问题。

（七）文化产业成本高，风险高

文化产业是一个高风险行业，它的风险不仅来自高额的投资成本、漫长的制作周期和变幻莫测的市场行情，还来自受众反复无常的消费习惯。即便是那些收益颇丰的产业资本家，也不能够保证他们的产品每次都能赢得受众的欢迎。文化产业的金科玉律比经济市场更难以把握，当红明星的票房可能会骤然下降，如日中天的导演也可能会一落千丈，谁也不能断定下一部影片究竟是赔还是赚。

文化产业的风险与文化产业的兴起相伴相生。在中国电影产业化的历史进程中，曾经有一批民营企业家为中国电影的发展做出了巨大贡献。在那个市场大潮奔涌而至的岁月，他们最先跳进奔涌的市场激流中搏风击浪，在缺少必要的资金支持、缺少必要的政策保护、缺少必要的市场经验的情况下，他们率先步入了电影市场鏖战的疆场。当年大洋公司拍摄的《秦颂》、朱达公司拍摄的《大闹天宫》，尽管票房双双失利，但是，他们却为中国电影的产业化道路提供了极其宝贵的经验。

（八）科技支撑作用还不明显

支撑中国文化创意产业发展的科技创新机制还处于初创阶段，文化创意产业的科技投入还明显不足，不但文化创意产品中科技含量不高，而且在产品中运用现代科技的能力也不尽如人意，文化创意产业设施中还缺乏高新技术装备，新产品的开发能力还比较弱，这些都成为制约文化创意产业发挥产业扩散效应的"瓶颈"，导致文化资源潜力不能转化为产业实力，因此需要加以改进。我国从事文化创意产业服务的主体存在素质不高的情况，制约了该行业的发展，这主要表现在：第一，部分企业组织结构不合理、产业集中度低、专业化水平不高等严重影响了综合竞争力。第二，一些经营单位经济核算意识淡薄，缺乏利益激励机制、风险约束机制，造成了运行机制的低效率；在分配制度上采取平均主义，没有形成人尽其才、才尽其用的现代化人力资源利用机制，压抑了部分职工的积极性，导致企业效益不高。第三，文化创意产业单位缺乏活力，没有真正成为自主经营、自负盈亏、自担风险、自主创新的市场主体，现代化的文化产品生产和组织方式没能得到充分应用。这些弊端都妨碍了其功能的发挥，不利于文化创意产业的健康持久发展。

（九）文化人才相对匮乏

在文化事业和文化产业获得全面发展的形势下，对文化人才提出了更高的要求。文化创意产业领域的从业人员普遍从业年限短，甚至很大一部分是从其他产业转移过来的，没有相关的工作背景和文化知识背景，对相关的创意理论一知半解，导致文化创意产业不能正常步入正轨，从而制约了文化企业的生产经营与发展。

文化创意产业的人才结构处于失衡状态。初级人才处于饱和状态，顶尖优秀的领军创意人才普遍缺少，这种情况在会展业、网络游戏业、版权业等领域显得尤为突出。对于有高端设计与生产项目的企业，想要招聘到综合素养较高的人才简直如大海捞针。在某种意义上，人才不足决定了我国文创产品的某些先天不足。例如当下火热的综艺节目，无论从模式、演绎风格，还是舞台场景设置等，都主要依赖进口、从国外购买版权，导致某些节目之间相互借鉴，相似度高，缺乏创新。任何产业的发展都离不开政府，文化创意产业也一样。文化创意产业与其他产业有所不同，其资产大多以无形资产方式存在，无法具体估值抵押，在没有土地、厂房、设备等不动产做抵押的情况下，沿用老一套的评估标准很难获得资金支持。即使获得了国家一部分的支持，但是对于庞大的文化创意产业来说，犹如沧海一粟，起不到真实有效的作用。为摆脱资金困扰，一些企业尝试有偿付费模式，如动漫和游戏公司推出付费动漫和付费游戏，但是由于部分人习惯了各种免费的模式，导致推出的付费内容没有获得很好的利用，有些甚至搁浅。

从改革开放发展至今，我国逐步发展为真正的人力资源大国。但是，我国人才流失问题也比较严重，甚至成为制约新兴文化产业发展的主要因素。

目前，我国新兴文化产业处于发展过程中，注重吸引外来人才，忽视了对自身人才的培养。我国新兴文化人才匮乏采用的判断标准是，我国总体文化产业人员只占总人口的一成左右，远远低于美国文化创意产业人才所占总人口的比例。

人才是发展新兴文化产业的第一要素。相比于很多发达省份和地区，我国中西部部分城市新兴文化产业人才不仅总量偏少、人才分布不合理，而且缺少复合型人才和创新型人才，特别是一些高层次、高技能、影响大的领军人才。近年来由于各种原因，一些省份的文化人才流失现象十分严重，如有些高等院校的部分资历较深的教授、院长调往其他省份任职，此外不仅是教师，就连各高校培养的优秀学生在毕业后也流向了外省。因为人才的流动性差，企业留不住优秀人才，导致企业发展速度越来越缓慢和滞后，如若发展空间不足，就会导致优秀文化人才流失的恶性循环，这也成为制约我国部分省市新兴文化产业发展的主要因素。

在新兴文化产业发展过程中最重要的就是人才。如今，人才就是知识资本，拥有人才能决定未来文化发展的趋势走向。丰富的人才资源是新兴文化产业成为国家重要产业的关键所在。我国文化企业发展需要的是管理人才和专业人才，而现有的新兴文化产业相关从业者大多数都没有接受过正规的文化管理内容的系统培训，同时也缺乏新兴文化产业相关方面的专业知识。

（十）文化产业集约程度较低

当前我国的新兴文化产业在总体上的竞争力较弱，表现出经营单位众多、文化产业集约化程度较低、资源分布不均匀等特点。我国大型企业无论是从营业收入、产值还是利润指标上看，都无法与发达国家相比。从产业分布来看，我国文化企业绝大多数集中在文化产业层，涉及文化服务业的企业不多，且多是小企业，以至于我国的新兴文化产业发展仍然处于较低水平。文化龙头企业的发展已经成为新兴文化产业发展的重心，在发展过程中占据着主导地位，也是文化产业的主要发展对象。但是从我国当前的发展形势可以看出，文化产业缺乏文化龙头企业，而且产业集约化程度较低。

我国新兴文化产业集约化仍有广阔的发展空间。如果文化产业实行集群化发展，有利于开发地方文化资源，也有利于市场文化产业优势的形成。但是，目前我国的文化资源并没有得到很好的利用，没有骨干企业引导，文化产品技术创新难。所以，为了推动我国新兴文化产业的发展，需要培养一批新兴文化龙头企业。

（十一）投融资体系还不健全

目前，我国的融资制度限制过多，国家并没有真正放开管理权，导致许多企业无法筹集到需要的资金，给其生产经营带来了不利影响。具体而言，现行的投融资体系不利于文化创意产业资本的扩张。在文化建设投资方面，资金投入缺乏明晰的目标，投入与产出不对称，资金使用效果差。更有甚者，许多地方将文化创意产业当作事业单位进行管理，用行政型政策工具运作，导致此类产业缺乏市场动力和市场化投资方式，管理效果不甚理想。同时，一些地方在投资文化创意项目前，缺乏全面的、科学的研究和论证，仅靠少数人的经验决策，而且这一过程缺少必要的监督与保障机制，造成重复投资和无效投资，既浪费了资源，又制约了文化产业的投融资规模和效率，造成该产业投融资体系不健全，内部矛盾丛生，问题多多。

三、新兴文化产业发展存在问题的原因

（一）文化资源的产业要素挖掘不够

我国有着丰富的文化资源，文化底蕴深厚，可供选择的文化题材也非常多。但是，目前文化产品的内容太过单一，不能突出文化特色，我国的历史文化、民间艺术和民俗文化等文化资源并没有得到完全运用。虽然我们的文化博大精深，但是我们的文化产品生产相较于其他国家还存在着很大的差距。这样的事实让我们清楚地认识到，我国的文化资源丰富却不能直接推动文化产业的发展。丰富的文化资源为我国的新兴文化产业发展提供了发展背景和力量支持，我们应该从市场的角度出发，整合提炼文化资源的价值，找到有特色的部分，对其进行合理的开发利用。我国新兴文化产业发展的将来是建立在我们对于文化资源的充分挖掘、仔细区分和跨界重组的基础上的。

纵观当前我国的文化资源，其中的革命文化、民俗文化、生态文化、历史文化、名山大川等都属于我国特有的文化。我们若能抓住特有的文化资源进行合理有效的利用开发，对于打造我国特有的文化品牌、生产具有代表性的文化产品、拓展独一无二的文化市场有着十分重要的意义。但是，目前我国文化企业对于文化资源产业要素的挖掘远远不够，对我国的文化资源整体没有进行全面评估和规划，导致文化产品缺乏鲜明性、种类不全面，缺乏创新等，不能得到整个文化市场的认可，难以转化为文化产业资源。在发展文化产业的过程中，并未挖掘出文化的深层意义，缺乏吸引力，在经济转型过程中本身的产业要素挖掘不够，没有得到充分发挥和市场的认可。因此，我国的文化产业资源整合需要在发展中抓住机遇，弥补创新意识的不足和缺失。

我国新兴文化产业的发展是以服务大众为基础、迎合大众口味的。但是对于文化资源要素的挖掘要有限度，不能过度且随意更改。因为过度挖掘、扭曲和篡改历史会影响我国绝大多数青少年的正确认识。有的不合理开发，颠倒黑白，随意篡改史实，造成人们的认知错误，这是对历史的不尊重，也是对自己的不尊重。我们应该合理有效地对我国丰富的文化资源进行开发和保护，认真实践文化资源的特殊性和严谨性，只有这样，才能赢得社会大众的认可，获得经济效益。

（二）新兴文化产业基础较薄弱

我国新兴文化产业还处于起步阶段，发展底蕴不够深厚，规模较小，基础薄弱，我国文化企业只是处于生存阶段，开展的文化活动得到的收入也只能用于其他补贴，没有资本进行文化产业的再累积和再生产。

我国经济发展落后于发达国家，决定了我国新兴文化产业在世界文化产业发展大潮中的地位和影响力仍然有限。与国外发达国家相比，我国新兴文化产业仍处于起步阶段，文化产品创作也很少，属于薄弱产业。新兴文化产业发展不平衡，虽然新兴文化产业发展速度较快，但是其产业价值在文化产业中所占比重较小，文化产业人才短缺与我国新兴文化产业发展的需求矛盾日益突出。

　　而且有些地方政府习惯于将文化产业作为公共事业进行管理，人们也已经习惯了听从政府行政指令管理文化，导致文化产业的创新意识较为薄弱，完全扼杀了新兴文化产业发展的活力，成为制约新兴文化产业健康发展的"瓶颈"。目前，我国文化产业发展水平不高，尚处于起步阶段，虽然在经济贡献方面一直有做出一定的成绩，但是还远远不够。从量的角度来说，我国的新兴文化产业在市场经济中本就没有占据主导地位，文化产品的发展并不能满足市场的大量需求。从质的角度来说，我国目前的新兴文化产业的市场化程度还不够明显，文化产品的生产能力不强，产品质量比不上国外一些国家生产的产品，还需要提高发展力和生产水平。

　　目前文化创意产业领域规模小、层次低、布局松散的状况仍比较明显，经济效益不高，竞争力不强，资源整合不够，规模效应和品牌效应较差，适应市场、开拓市场能力较弱，特别是缺乏具有自主知识产权和核心竞争力的骨干文化企业。例如，沈阳某市的印刷企业数量多达上千家，但普遍规模小，设备落后，单色印刷严重过剩，而高档次的包装装潢能力低下。文化资源利用率不高的一个重要原因就是文化资源的分散。文化资源的分散主要表现在以下几个方面：首先，信息业、传媒业、演艺业等行业目前的经营模式是各自为战，彼此缺乏行业间的合作。其次，像广告业，企业数量虽多，但大多规模较小，规模效应难以发挥，缺乏竞争力。再次，公共文化事业单位和企业单位也缺乏合作，如公共博物馆未能与旅游公司合作，参观博物馆也无法列入旅游线路。最后，跨地区的文化资源整合力度更低，比如，巴蜀文化具有互补性，而且地域相近，但由于跨行政区，两地的文化创意产业开发合作很不理想。我国发展文化创意产业的历史资源、自然资源、人文资源并不缺乏，但对这些文化资源的认识、挖掘、开发、包装、宣传、利用还远远不够，致使大量文化资源闲置和浪费。这主要是由于我国对发展文化产业的重要性认识不够，有的地方领导对发展文化创意产业认识不足、重视不够，没有把文化当作一种产业来谋划，没有意识到文化创意产业是地区经济发展的一个推动力和重要增长点，也就未能像抓其他产业那样来抓文化创意产业，文化消费在广大人民群众中还没有成为消费的热点。

（三）对发展新兴文化产业的重要性认识不深入

　　随着改革开放的不断深入，我国新兴文化企业从无到有、从少到多，为未来新兴文化产业的发展奠定了基础。与其他国家和地区相比，我们对于新兴文化产业认识还是不够透彻，很多领导层对文化产业的认识只是停留在文化层面，对新兴产业的发展有所忽视。我们总是说经济基础决定上层建筑，而我们早已习惯将文化作为一种意识，作为上层建筑的主要组成部分。一些文化单位的旧思想比较顽固，依赖政府，缺乏对自身的要求，缺少向市场求发展的信念。我们潜意识中的文化资源并不能直接转为文化产业需要的部分，而需要我们将文化资源纳入其中，进行重新整合，不能使文化真的只成为一种政策，而要让文化成为一种产业、一种经济形式。

现阶段，我们已经充分认识到了新兴文化产业发展的重要性，但是还没有完全认识到新兴文化产业的重要性，认为新兴文化产业的发展重在文化的传承和继承，却忘记了文化产业的需要和发展。我国新兴文化产业发展的实质是满足人民群众的精神文化需求，我们需要应用现代科技来发展新兴文化产业，满足社会大众的需要。文化不仅仅是历史文明的产物，这样的认识是片面的，当文化与科技相联系时，它就变成了一种可以产生经济效益的文化产业。

我国对于新兴文化产业发展的认识因为自身观念的束缚而呈现滞后性。因为当前我国国民对于文化产业的认识还停留在公益性单位阶段，没有认识到文化产业的重要性，发展文化产业的意识不够强烈。而且在发展过程中总是选择性躲避风险，只投资风险比较小或者没有风险的传统文化产业，并没有充分认识到新兴文化产业的美好前景及其在经济发展中的重要地位。同时，我们没有认识到发展新兴文化产业的重要性，简单地认为发展新兴文化产业就只是娱乐活动，只为满足物质需求后的精神追求，只是口头强调文化工作的重要性，并没有深切地将新兴文化产业的发展带到实际中并推动其发展。

（四）新兴文化产业资金投入不足

近年来，我国为整个新兴文化产业的发展提供了财政扶持；但是，政府的资金扶持力度有限，而且游戏、电影等行业的资金投入比较大、时间周期较长，有很大的风险。目前，我国新兴文化企业多为中小型企业，资金投入的不足成为制约其发展的重要方面。虽然我国政府出台了很多扶持政策，但是其中一些鼓励政策也只是锦上添花。比如，现如今有很多中小企业在文化产业的发展过程中因为没有合适的生产厂房、员工没有保障制度、遇到资金周转困难情况时只能听天由命。这些问题需要我国政府或者社会、个人推动新的投融资政策来解决。

其中，投资渠道包括政府投资、民间投资和外商投资三种类型。制度的不确定性造成民间投资成本较高；目前由于我国文化市场的投资限制，外商投资也很难进入，致使我国融资渠道过于单一化。此外只注重投入而忽视产出，导致政府投资的回报不佳，而新兴文化产业的良好发展缺乏必要的引导和保护，民间和外商投资也存在着重复性和无效性，投资与回报不成正比。由于上述多个问题和缺陷，新兴文化产业在发展时没有足够的资金投入，进而严重制约了我国文化产业的发展。例如，我国影视产业由于自身的行业特点，从作品制作到发布都牵扯到较多的资金投入，也存在着很高的风险。目前，我国一些银行的现行体系都缺乏对文化产值的完整合理的评估指标和评估体系。而且由于影视行业自身的投资特点，银行并不愿意提供资金给影视行业，导致影视行业缺少合理的资金链，从而严重地制约了影视行业的发展。

总的来说，目前新兴文化产业的投资大、风险高，且收益还不稳定，创造生产文化产品比传统的文化产业具有更高的风险。与此同时，很多新兴的文化产业生产周期长，资金投入比例又高，销售过程也会面临很多问题从而难以掌控。鉴于此，政府应该加大投资的力度和导向性，并为银行与新兴文化产业之间的沟通架起桥梁，引导新兴文化产业的经营和发展朝着更有利的方向前进。

四、新兴文化产业的发展建议

（一）确立发展战略定位

文化创意产业在世界主要发达国家和许多发展中国家都获得了较快发展，成绩引人注目。在推动国家经济发展和提升城市竞争力方面，文化创意产业发挥了巨大作用，这已经成为一种广泛的共识。各地要优先发展高端服务业，加快建设先进制造业基地，大力提高自主创新能力，率先建立现代产业体系，增强文化软实力，提升城市综合竞争力，强化国家中心城市、综合性门户城市和区域文化教育中心的地位，提高辐射带动功能。在实现这些宏伟目标的道路上，文化创意产业具有显著的引擎作用。创意与文化相融合，正是高端要素的最优集聚体。创意与文化相融合是实现社会创新发展的关键，其不仅可以将城市劳动者的创造性思维转变为特有的核心技术、关键技术、核心竞争力和引擎动力，并能把创新性融入各个行业，产生巨大的乘数效应，促进社会整体创新发展。

（二）搭建文创产业服务平台

搭建服务公共平台、拓展创意产业的发展空间、建立相关的中介服务机构，为创意企业、个人提供完善的公共服务。第一，积极发挥现有创意产业平台的作用。第二，采取政府支持、企业主导、市场化运作的方式，广泛吸收社会力量的参与，建设面向社会和中小企业的多层次、专业化的公共技术服务平台和研发平台，并发挥其最大的经济和社会效益。第三，鼓励和支持成立专业性和区域性的行业协会，通过这些产业支持机构为企业提供产业咨询、组织架构、战略规划、市场支持、融资指导、培训指导、行业信息等相关服务，推动创意产业规范、协调发展。第四，建立相关的中介服务机构、展示平台及交易平台，扶持创意产业公共信息平台建设，开展各种交流活动，跟踪国内外创意设计的最新动态，培育和拓展创意产品市场，促进创意产品扩大内需和出口，拓展创意产业的发展空间。

（三）健全法律体系

结合国家相关规定，在法律允许的框架内对相关文化创意产业的政策进行动态调整，完善各项法规规定及其相关执行环节。文化创意产业是一项综合性程度很高的产业体系，涉及诸多相关的法规内容及要素，这些来自政策面的影响因素，其实已成为事业发展的关键。

（四）完善文创产业架构形态

以产权制度改革为抓手，大力强化资本运营手段，完善文化创意产业的合理架构形态。文化产业作为一个生产文化产品和提供文化服务的行业，其产业发展所需要的资本总量和有效配置需要有成效的资本运营手段来加以管理。

（五）培植文化产业集团

大手笔培植实力雄厚的文化产业集团，做大做强文化产业的龙头行业及实体，并进一步调整文化产业的整体布局，提高文化产业的核心竞争力，最终形成稳定持久的规模效应。美国的影视业、图书出版业、音乐唱片业的成功之处就在于形成庞大的全球销售网络，联合了许多国家的销售网和众多的电影院、出版机构及连锁店，采取全球战略的跨国文化企业形式，从资金、技术、信息等要素的全球自由流动中获益。与国外大型文化产业相比，我国文化产业集团不仅在数量上明显不足，在规模上也难以形成较强的竞争力。

（六）文化创新与科技创新相结合

把创新放在文化创意产业发展的突出位置，将科技创新和文化创新有机结合。我国目前处于文化产业的后发阶段，从后发的角度来实现快速发展，就需要利用人类最新的技术手段，让文化内容实现大幅度、跨越式传播。在这一过程中，科技创新和文化创新相辅相成、合璧发展就变得非常重要。从技术产业的角度分析，科技创新可以让文化创新更有价值，获得更高的经济利益。而文化创新的价值在某些方面则比科技创新具有更大、更深远的影响。

第二节　基于文化软实力作用的文化产业发展途径

一、增进主流文化的精神感召力

相对于经济的、军事的硬实力，国家文化软实力的要义是指那种"非强迫性、非强制性"的力量，所以，增强我国文化的吸引力不仅需要国家建构的公共平台，也需要来自大众娱乐领域的商业平台。引领不同文化群体的心理取向既需要政策的力量，同样也需要市场的力量。各国不仅在主流文化领域争抢市场占有率，而且越来越注重建构本国的文化价值体系。

文化核心价值观的建构对于一个国家的发展而言具有决定性作用。所谓文化核心价值观是指在一种文化体系中居于主导地位、起支配作用的基本理念。它是衡量与判断事物的终极文化标准，这其中包括历史（是非）观、道德（善恶）观、社会（正邪）观、伦理（荣辱）观、审美（美丑）观等。价值观既是一个社会成立的基础，同时也是一种文明的最高标志。当代文化学者甚至认为"文化价值观和态度可以阻碍进步，也可以促进进步……将改变价值观和态度的因素纳入发展政策、安排和规划，是一种很有意义的办法，会确保在今后50年中世界不再经历多数穷国和不幸民族群体过去50年来所陷于其中的贫困和非正义"。文化价值观的建构不仅体现在文化产品的内容方面，而且也体现在我们的一系列文化政策、评价体系、评判标准方面。

二、鼓励科技创新发展

技术指标虽然在影响我国城市文化创意产业竞争力的因素排名中位居第三，但科技是驱动产业更新迭代的直接动力，支持着城市创新。以上海为例，2013年到2018年，上海的专利授权数量一直保持增长趋势，但一直少于北京的专利数量，而且这种差距一直在增大。2013年，上海与北京的专利数量相差一万多；到了2018年，数量差距已经拉开到了三万左右。与上海的专利授权数量情况类似的是上海的科技活动人员数量。从 2013 年到 2018 年，上海的科技活动人员的数量虽然是增长的，但增长幅度较小；而北京的科技活动人员数量不仅高于上海，而且增长幅度也高于上海，上海与北京这几年在科技活动人员数量上的差距在逐渐拉大。从城市为科技创新投入的经费来看，上海的科学研究与试验发展经费支出也位居北京之后，但经费投入的增长速度基本与北京持平。总的来说，上海在技术方面的水平在四个直辖市里排名第二，位于北京之后，但与北京的科技发展水平有较大差距，且在指标上，这种差距越来越大。上海要想提高城市科技水平，就要将科技活动人员、科学研究与试验发展经费投入正确的领域，并且鼓励专利申报，保护知识产权。

（一）加大尖端技术领域投入

与美国等发达国家相比，我国文化创意产业的技术和制作工艺仍然落后。以电影行业为例，美国出品的《功夫熊猫》中，将主角"阿宝"在运动过程中的每根毛发都制作成真实的随风摆动的样子。而我国的电影特效制作技术要更为粗糙，在很多文化创意项目中，我国还需要与国外的技术团队合作，借助国外的先进技术达到项目的高端要求，这就说明了我国文化创意产业内部存在着很大的硬性能力缺失。演出、电影、时尚、旅游等产业作为上海的主导型文化创意产业，都需要强大的技术给予支持。例如，在时尚产业，每年的上海时尚周可以加入高科技元素，像是 VR 试装、虚拟衣橱等环节；在演出产业，可以给一些演出剧院增加特效表演设施，助力现代演出；在旅游产业，可以给旅游景点增加 AR 讲解设备、景点内部的大数据导航等。特别是如今的数字化信息技术发展得非常快，大数据、人工智能、5G、AR、VR 等数字化信息技术早已与各产业融合，文化创意产业发展不可回避地需要借助智能化技术，形成文化与信息技术的融合。上海市政府和有关协会组织应该采取措施，鼓励文化创意产业从业人员运用更多的高新技术。比如，学习国外的电影艺术节的颁奖制度，在我国的电影电视评奖中增加一些技术类、工艺类的奖项，来激励与刺激相关产业在数字化科技领域投入更多的科技人才与研究经费，支持文化创意企业建立科技研发中心，打造文化创意与技术手段结合的全面发展业态。

（二）完善地方知识产权保护政策

上海要想增加地区的专利数量，推动技术更新，还应该从根本上不断完善地方知识产权保护机制，鼓励技术专利发明。文化创意产业以创意为核心，从这一层面来说，保护知识产权就成了提升文化创意产业竞争力的基本保障，对于涉及复杂知识系统的专利成果来说更为重要。美国的文化创意产业起步较早，发展步伐在全球领先，是文化创意产品的出口大国，这要得益于美国在技术层面的引导和支持。美国有着全球最完备的知识产权（包括专利和版权）保护法律体系，而且这些法律法规能够随技术条件的变化随时更新。美国曾为了保护文化创意知识产权不受侵犯，保障文化创意产业为国家创造出的经济效益和社会效益，数次修改国家版权法，其魄力和决心值得我国学习和借鉴。上海可以针对技术专利保护出台地方奖惩政策，给予专利发明者经济补贴和政策支持，让政策引导人们的思想和行为，提高人们的知识产权保护意识；根据对社会效益产生的影响大小，对侵犯知识产权的行为给予不同程度的惩罚。同时，降低知识产权维护的时间成本和经济成本，对知识产权所有者维权过程中的损失给予高额补贴。在文化创意产业的学科专业相关领域，上海高校应该根据具体情况给予专利发明与论文同等的地位，鼓励技术型专业学科用专利发明成果代替论文研究成果，让创意人才能够从单一的理论研究中转移出一部分精力，投入技术专利发明中去，为城市技术发明增添色彩。

三、增强流行文化的市场吸引力

文化的发展仅仅依靠国家政策的倾斜是不够的，要提升国家文化的软实力，对于营利性的文化产业要建立一种经济与文化的良性互动机制，以经济方式、市场力量推进文化产业发展，找到一种商业化生存模式来求得文化自身的不断升级。这不仅是为文化产业谋得更大的经济空间，更重要的是文化产品只有在经济市场上得到认可，才能从根本上保证其文化价值的有效传播。一部没有票房收益的影片、一部无人愿意阅读的小说、一部没人去观看的戏剧，其潜在的文化价值与思想意义哪怕再大也失去了传播的前提。所以，文化产业自身必须找到一种经济的方式来推进其持续发展，进而利用市场力量加强文化产品的影响力与吸引力，进而实现大众对民族文化的认同。

民族文化既是历史的沉积物，又是"想象的共同体"，我们既要在现实层面加强对民族传统文化遗产的保护、继承，也要在想象的世界里重新加强对民族文化的心理认同。电影、电视与生俱来的大众本性使它们的生存永远离不开大众的认可，不管艺术家的主观艺术感受具有怎样的审美价值，这种感受必须与观众的审美心理相沟通，必须与国家的文化发展方向一致。这不仅是为了在经济上奠定文化产业未来发展的物质基础，同时也是为了在观众心目中建立起一种对民族文化的心理认同。

四、继承优秀传统文化资源

（一）建立文化数据库，重视文化遗产知识产权保护

习近平总书记指出，中华优秀传统文化是我们最深厚的文化软实力，优秀传统文化包含的价值观念、思维方式和行为习惯，经过五千年的涵养成为民族的根基，蕴含中国未来的发展思路。中国传统文化中的仁爱思想、大同思想、知行思想等对于当代社会的一些问题具有极强的启示意义。我国传统文化是我国文化软实力的源泉，要挖掘我国优秀传统文化的思想资源，经过系统梳理形成文化资源素材库，为传承打基础、为发展创条件。运用网络云端技术将我国古代传统文化资源中的诗书礼乐字画保存起来，并且按照现代社会的需要进行排序，形成网络文化资源素材库。对于实体的文化资源，也要在建设文化博物馆的基础上整合传统文化资源，并注重保护、维护传统文化资源，运用数字技术保存传统文化资源。

（二）以马克思主义文化观指导文化资源开发利用

创新要有内容上的创新，文化产业要注重文化产品内容的创新，不仅仅要靠文化产业等外在要素，还要在文化软实力的基础上依靠我国的优秀传统文化资源、革命文化资源和社会主义先进文化资源形成适合现代社会需要的文化内容。我国文化产业整体在一定程度上忽视了对传统优秀文化资源的创新改造，应保持中华民族的文化特征，借鉴西方国家文化产业发展的经验和模式，在中国特色社会主义实践的基础上，发展独属于中国的文化产品内容，形成中国模式，代表中国特色。我们应加强文物的保护与利用和文化遗产的保护与传承，解放思想、实事求是，从传统文化资源中寻找适应现代社会需要的文化内容，从中国特色社会主义实践中发展文化产业内容，依靠文化软实力综合创新开发适合民族的、大众的文化产品。

五、促进文化软实力因素转化

（一）深化文化管理体制改革

文化管理体制的改革和文化产业、文化软实力息息相关，任何一种文化都离不开规则和制度的支撑。改革开放初期，文化管理体制注重对意识形态领域的掌控，提供了稳定的发展环境。但随着新时代的到来、社会主要矛盾的转变，文化管理体制需要进一步改革。因时而兴、乘势而变，深化文化事业改

革，强调公益属性，加快构建把社会效益放在首位、社会效益和经济效益相统一的体制机制，推进文化事业和文化产业分开，尊重文化市场的自我调控功能，让文化扎根人民生活，引领时代风气。

（二）培育新型文化产业业态

在信息化和网络化的条件下，文化产业的新型业态朝着网络化的方向转化。文化产业的主要业态为区域产业的传统文化产业，传统文化产业主要依靠各自的文化软实力吸引消费者，带动其他产业发展。而网络信息技术的发展为传统文化产业向新兴文化产业的转变提供了条件，传统文化产业和新兴文化产业的界限不再明显。随着网络信息技术的发展，新兴文化产业逐渐壮大，网络游戏、广告、自媒体的出现推动文化产业的转型升级。在经济全球化和竞争激烈化的背景下，文化产业的新型业态朝着集约化的方向转化。作为消费者熟悉的文化IP，跨界联合是文化产业的常态，同一个文化IP可以在不同的领域形成多种衍生品，追求文化IP利益最大化能够为文化产业的发展提供更多的支撑性因素。文化产业的聚集能提高该文化产业的名气，提高经济效益，推动产业结构优化升级。

六、扩展传统文化的思想影响力

中华优秀传统文化不仅是课堂上和书本里学习、研究的文化符号，而应当是一种能够不断向社会生活各个领域延伸、扩展的内在力量。我们需要建构一种能够对传统文化资源进行转化、传播的有效机制，让传统文化中具有恒久价值的经典内容得以复制，使其家喻户晓。其中既包括《红楼梦》《三国演义》《水浒传》《西游记》等这些具有文学价值的经典巨作，同时也应包括像《精卫填海》《愚公移山》《夸父追日》等这样具有励志作用的民间传说。我们要把它们转化成不同类型、不同样式的艺术作品，通过电影、电视、漫画、网络游戏进行广泛传播，用中华民族同根同源的文化谱系把不同社会群体的思想聚合在一起，以这种方式提高不同社会群体的文化共识，进而建构公众对于中国传统文化的普遍共识。

现在，我国社会正处于转型之际，如何把存在于古代典籍中的传统文化资源转化成公众普遍奉行的价值观念和身体力行的行为模式，对于未来的社会发展至关重要。只是对于传统文化的传承与发展在内容上需要进行具体的历史分析，不能笼统地把所有传统文化资源与当代文化发展的现实命题联系在一起，否则不仅不能推进当代文化的发展，还容易引起人们对中国传统文化本身的抵触与怀疑。在扩展传统文化的思想影响力、加强对传统文化资源的传承与弘扬时，应当找到既具有积极的历史意义又符合现实需求的结合点，否则，便会产生不良社会影响。如对圆明园遗址进行异地重建的倡议，引起人们对其深层意义的质疑，除去耗用大量资金、占用大片农田不说，究竟是多一个主题公园重要，还是保留一个民族的历史记忆重要，这都需要我们进行认真、深刻的反省。

七、增强创意人才团队建设

创意人才是创意产业发展中的核心因素，对产业发展起着重要的推动作用。只有先有创意人才存在，才能吸引更多文化创意企业进入城市，从而形成完整的文化创意产业发展闭环。在考虑如何增加创意人才时需要先划分人才类别，此处将创意人才分为已有创意人才和潜在创意人才。已有创意人才数即文化创意产业从业人数，以上海为例，在 2013 年到 2018 年，上海文化创意产业从业人数在四个直辖市中位居第二，虽然排名仅次于北京，但在人员绝对数量的比较上，与北京的已有创意人才数量仍有较大差距。从 2018 年的数据来看，上海的已有创意人才数比北京约少 180 万，说明上海缺乏能够发展文化创意产业的行业创意人才。潜在创意人才数即普通高校在校学生人数，2013 年到 2017 年，上海的潜在创意人才数量位居北京和重庆之后，与天津的数量差距不大。而到 2018 年，上海的普通高校学生人数位居四个直辖市最后，可以发现，近些年上海在培养潜在创意人才方面较为乏力。上海发展壮大创意人才队伍，应该分为吸引创意人才即吸引文化创意产业从业人员和培养上海高等院校创意人才两方面。

（一）吸引创意人才集聚

吸引创意人才向上海集聚就是利用社会、经济、文化优势，吸引不同地区的创意人才向上海流动、聚集。为吸引更多的创意人才进入，可以从以下三方面入手：

第一，政策扶持文化创意企业和组织，让它们在当地打稳根基，为更多文化创意人才提供就业机会和保障。政府应制定针对文化创意产业的鼓励政策，建立文创项目的扶持资金，为创意人才描绘美好的职业前景。创意人才集聚的前提是创意企业的集聚，要营造良好的政策制度环境，促使创意企业基数变大，又因为优惠政策不断出台，衍生出对创意人才的需求，将会对文化创意产业从业人员规模扩大产生促进作用。

第二，因创意产业集聚而产生的创意人才集聚。产业集聚是文化创意产业发展的主要途径，产业集聚会带来人才的集聚。上海可以依靠产业聚集区发挥协同发展作用，与其他城市联动，吸引周边城市以及其他区域的创意人才。除了长三角地区连带发展以外，还可以通过文化创意园区集聚汇聚创意人才，产业园区的繁荣能够为人才提供更多的就业机会、更好的工作环境、更具吸引力的创意品牌，加速人才的流入。

第三，增强消费者对文化创意产品服务的需求，将会增加创意人才需求。旺盛的文化创意产品市场需求能够刺激文化创意企业和组织加大投入人才要素。要想增强市民的精神消费需求，需要减少市场上同质性文创产品的恶性竞争，引导企业增加文化产品或服务的附加价值、潜在价值、美学价值、文化价值。当城市的文创消费认同足够时，自然能够吸引人才进入这个城市和这个产业领域。

（二）培养创意人才

在文化创意领域，要想拥有大规模的文创人才，就应加大本土对文创人才的培养。第一，企业与教研机构联合培养创意人才。企业与教研机构联合培养创意人才是指高校与企业组织合作，建立创意人才培养平台，搭建创意人才培养项目。在建立人才培养平台方面，高校与企业联手有利于发挥各自优势，将高校的教育资源与企业的市场资源结合起来，高校能为学生提供国内外先进理论资讯和教学研发设备，企业能为学生提供丰富的实践机会。在建设创意人才培养项目方面，产教合作以高校教学资源为基础，以市场为导向，深入发掘文创项目与专业能力培养的契合点，将项目与教育相匹配，在高校内部组织适合的教学人员成立教学团队，指导、帮助并督促学生有质量地完成每阶段的专业内容。第二，深化高校学科专业改革。高校的文化创意专业课程应充分体现学科的前沿性与交叉性，注重培养学生掌握最新的科技、文化创新知识，以适应文创发展环境。加强学生创意思维的培养，通过开设创意思维能力课程，在一定程度上增强学生的创新能力。还要设置实践课程。实践对学生的创新能力培养很重要，仅有理论知识的学习还无法满足学生的实际应用需求，在实践过程中，学生能够更多地发挥创造力。设计创新方法论课程，让学生掌握创新的方法，培养创新意识。现代的科技发展速度极快，掌握获取知识的方法往往比直接获取知识更为有效。第三，为文创人才提供完善的终身教育机制。深化文化创意专业学科改革是横向完善创意人才教育机制，而扩展文化创意专业学科的纵向发展需要高校为人才提供完善的教育机制，从专科、本科、硕士到博士,更为全面地、深度地培养潜在创意人才,鼓励创意人才随着社会的快速发展不断接受新教育,获取新知识,以适应市场对创意人才的要求。

八、推动中华文化走出去

(一)重视舆论宣传

舆论宣传也是文化软实力中重要的一部分,传媒业对于意识形态的宣传、文化环境的渲染、消费者消费观念的培养以及消费市场的养成起着不可替代的作用。处于经济全球化浪潮中的国家不可避免地要与其他国家进行互动,话语权的掌握是国家塑造形象的必要手段。由于西方国家在科技、媒体、网络信息技术方面较为领先,我国需要以具有积极意义的话语体系通过舆论宣传向世界发声,融入世界,消解偏见,提升国际影响力。文化软实力和文化产业的发展都要重视舆论宣传,才能有效维护我国文化安全,提高综合国力。

(二)塑造国际知名品牌

我国古代光辉灿烂的文化受到周围国家的推崇,尤其是在唐朝,各个国家纷纷向唐朝派遣使节,学习中国经典,我国的民族文化深深影响着他们的思维方式、行为方式和民族文化。随着新时代的到来,我国加大对传统文化的开发和保护力度,对于优秀传统文化进行传承和弘扬,追求文化产业的发展,创造出符合人们需求的文化产品,推动文化的繁荣兴盛。要想增强我国文化的国际竞争力,提高综合国力,就要积极推动我国文化产业进入国际市场竞争格局,积极开拓国际文化市场,塑造国际知名品牌,推动中华文化走向世界。

(三)积极开展文化外交

文化是一种广义的信息,我们要讲好中国故事,不断提高传播能力,做好国际方面的正面宣传建设,运用生动形象、创新凝练的话语,构建中国特色国际话语体系,使内含社会主义核心价值观的中国文化展现出独特的风采。我们要动员多元社会力量,团结新媒体和传统媒体,在网络中增强对外话语权,运用新概念、新范畴、新表述阐释中国特色,积极地展示东方大国形象,经过多方面的长期的努力让世界更好地了解中国。

参 考 文 献

［1］ 张国祚. 理论思维与文化软实力［M］. 长沙：湖南大学出版社，2016.

［2］ 昝胜锋. 文化产业商业模式概论［M］. 福州：福建人民出版社，2017.

［3］ 陈志超. 中华元素与社会主义文化产业的建设［M］. 合肥：合肥工业大学出版社，2017.

［4］ 杨健燕. 河南省文化产业创新与发展研究［M］. 北京：中国经济出版社，2018.

［5］ 徐望. 文化资本时代的中国文化产业论［M］. 北京：中国经济出版社，2017.

［6］ 刘钰. 支持文化产业发展的财税政策研究［M］. 北京：中国广播影视出版社，2018.

［7］ 李苏云. 文化产业园形象与特色的研究［M］. 长春：吉林美术出版社，2018.

［8］ 周泽超，周榆涵. 西部地区文化与文化产业发展研究［M］. 银川：宁夏人民出版社，2018.

［9］ 牛盼强. 文化产业发展态势研究［M］. 上海：上海交通大学出版社，2018.

［10］ 樊颜丽. 基于供给侧改革的文化产业发展模式研究［M］. 北京：中国商业出版社，2019.

［11］ 梁芷铭，周丹丹，唐林峰. "文化强国"战略视域下中国文化产业发展研究［M］. 北京：北京理工大学出版社，2019.

［12］ 范周. 中国文化产业重大问题新思考［M］. 北京：商务印书馆，2019.

［13］ 朱云. 文化产业动态能力研究：基于理论及实证［M］. 北京：光明日报出版社，2019.

［14］ 刘丽英. 中国文化产业"走出去"战略研究［M］. 长春：吉林人民出版社，2020.

［15］张尧. 文化软实力视域下河北省文化产业发展策略研究［J］. 大众文艺，2018（23）：250.

［16］徐望. 我国文化产业制度与精神双重超越之路探索［J］. 经济视角，2019（2）：14-23.

［17］王晓钧. 新经济形态下我国文化产业融合经济发展路径探究［J］. 大众投资指南，2019（15）：8-9.

［18］张鹏. 文化产业发展方式理论综述［J］. 山西青年，2020（2）：75.